作者簡歷

一、學歷：

東吳大學 歷史學系
中原大學 宗教研究所
以色列耶路撒冷希伯來大學 – 希伯來語第六級(最高級)文憑

二、以色列相關經歷：

2012.11 - 2013.5	以色列國際志工 Kibbutz Samar。
2014.9 - 2015.4	以色列國際志工 Kibbutz Ein Gev。
2015.7 - 2017.6	耶路撒冷希伯來大學主修希伯來語。
2016 - 2017	在以期間曾四度受邀至以色列國會中文-希伯來文-英文翻譯。
2018.3	創辦妥拉坊，推廣希伯來語與妥拉學習。
2018.3 - 2020.6	基督教網路平台:鴿子眼「奧秘之鑰-解鎖妥拉」、「創世奧秘-文字智慧:22 個希伯來語字母解析」主講人。
2018.12-2020.12	以色列聯合呼籲組織台灣分會妥拉講師。
2019.10 迄今	政大公企中心 現代/聖經希伯來語、妥拉講師。

三、參與講座：

2018.12 以色列教育思維影響力論壇: 「踏進人生的應許之地-以色列經驗的個人生命省思」，由迦樂國度文化主辦。

2019.4 妥拉:生命之道 猶太文化藝術展(台南場)，主講「出埃及記文本詮釋及其宗教意涵」由猶沐文化主辦。

2019.9 政大公企中心，「智慧之鑰-希伯來語」。

2019.10 妥拉: 生命之道 猶太文化藝術展 (台北場)，共四場講座:「猶太人的精神食糧:妥拉、猶太人的教育思維、上帝的文字:希伯來語、上帝的行事曆」。由猶沐文化、正義美學主辦。

2020.8 妥拉藝術文化展:共生共存，「奇布茲:以色列志工經歷的省思啟示」。由猶沐文化、正義美學主辦。

妥拉坊自 2018 年 3 月創辦以來，亦不定期自行舉辦希伯來語、及妥拉相關的課程及講座。

作者序

由基督教網路平台:鴿子眼策畫,以基督徒的角度來讀妥拉,冀望用深入淺出之方式來介紹妥拉的「奧秘之鑰-解鎖妥拉」這一系列影片拍攝計畫,前後歷時兩年多,從 2018 年 3 月開始至 2020 年 5 月結束。筆者有幸,受邀撰寫該計畫的所有影片腳本 (逐字稿) 的內容,從「創世記、出埃及記、利未記、民數記、申命記」共 54 段妥拉、以及「耶和華的節期」、和「創世奧秘-文字智慧」22 個希伯來文字母解析。以上內容文字,共逾六十餘萬字,拍出 300 多支的影片。

自 2020 年 5 月拍攝結束後,筆者開始將這些文字整理成冊,以待日後出版成書,從創世記、出埃及記、利未記、民數記、申命記、耶和華的節期、和 22 個希伯來語字母解析,共七本書。

讀者拿在手上的這本《奧秘之鑰-解鎖妥拉:出埃及記》就是根據原先拍攝的影片腳本 (逐字稿) 擴充而來,文中加了許多註腳,俾使文本的質量更加豐富。

現在回首,能完成這麼龐大的計畫完全是上帝的恩典,感謝鴿子眼及 Betaesh 的團隊在過去的協作和支持,特別是 Kevin 若沒有你的發起和全力支持,這個計畫是不會發生的、Peter & Jill 若沒有你們堅持到底的精神和堅毅的執行力,在當中居間協調並解決各樣大小問題與狀況,那這個計畫是不可能會完成的、最後感謝元萍的影片後製,若沒有妳精準和過人的細心,這麼大量的希伯來文字卡和希伯來文經文是不可能這麼整齊漂亮的出現在影片上。

也特別感謝愛生協會/以色列聯合呼籲組織台灣分會會長 Richard & Sandy 的邀請,讓鹽光能完整分享兩年的妥拉課程,每次預備分享課程的內容,以及思想咀嚼你們所提出的每個問題時,總能使鹽光更加深對於每段妥拉深入又多面向的思考。

另外,也特別感念香港夏達華總幹事黃德光老師的指導,在撰寫腳本期間,您總是願意耐性地看完我內容冗長的文字,並給我方向和激發我做進一步的思考。筆者兩次赴港,去到夏達華聖經文物博物館參訪期間,也承蒙 Amelia,Alison,Henry等老師的熱情接待與照顧,在此一併致謝。

在拍攝-寫作期間,也感謝不少人默默地給予支持和奉獻,在此特別謝謝 Eva 姐,以及 Steve 哥 & Connie 姐。

最後,感謝我的父、母親,沒有你們全然放手,全然支持我的「以色列信心之旅」那就不會有現在的我,也感謝我的岳父、岳母,寫作期間還特別買了一部筆電讓

我能進入高效能的寫作狀態，也特別感謝岳母 洪博士，於百忙中還願意幫女婿校稿。還有我最摯愛的太太 (兩個半月前辛苦地把我們的女兒:鍾馨 順利地生出來了)，若沒有妳對我的「不離不棄」和「完全的信任及全部的支持」，這個妥拉拍攝-寫作的如此龐大的計畫是不可能成就的。

感謝上帝，感謝祢的恩典，感謝祢所賞賜的一切。

格式與範例

一、**QR Code.**

在本書中，讀者將會看到許多 **QR Code.**(上面正方形的圖案)。在每段妥拉的標題，和正文當中五個分段的標題旁邊，都會出現這些 **QR Code** 的方型圖案。

正如前文在作者自序中所述，這一系列《奧秘之鑰-解鎖妥拉》的著作，原先是一項大型拍攝計畫: 54 段妥拉，每段妥拉再細分成五支短信息的影片。本計畫始於 2020 年 6 月拍攝結束後，陸續將近三百支影片全數上傳至基督教網路福音平台: 鴿子眼 Youtube 頻道。

而本書《奧秘之鑰-解鎖妥拉: 出埃及記》，及其後即將出版耶和華的節期、及希伯來文 22 字母釋義，皆由筆者原先為著拍攝計畫而寫成的「影片腳本 (逐字稿)」所進一步「擴充」而成。

在這些腳本(逐字稿)中，正如讀者在本書中將會看到的，會有許多的希伯來經文和字詞，若讀者也想同步學習及聆聽這些**希伯來文**的正確發音，即可以用手機來「掃描」這些 **QR Code.** 連結到對應的妥拉影片，和本書一起閱讀視聽，順便學習經文當中一些重要的**希伯來文**的字詞和概念。

二、本段妥拉摘要

在每段妥拉的第一頁，都會有一份「**本段妥拉摘要**」的文字內容，此摘要放在每段妥拉的頁首，目的是希望讀者可以先透過此摘要內容，來對這一段妥拉有個初步整體的、提綱挈領的理解和認識。

三、經文「伴讀」

在每段妥拉的第二頁面左上角，會列出本段妥拉的經文範圍，及其相關的伴讀經文。例如出埃及記 No.1 妥拉<名字>篇第二頁，讀者將會看到如下的經文編排：

出埃及記 No.1 妥拉 ＜名字＞ 篇（פרשת שמות）
經文段落：《出埃及記》1:1-6:1
先知書伴讀：《以賽亞書》27:6-28:13、29:22-23
詩篇伴讀: 99 篇
新約伴讀：《馬太福音》2:1-12、《使徒行傳》7:17-35

關於妥拉讀經的「分段」[1]，以及和本段妥拉信息相關所搭配的「先知書伴讀」[2]，這個讀經的傳統至少已有 1500 年的歷史。「詩篇伴讀」[3] 也是由猶太先賢們找出和本段妥拉信息、內容「能彼此呼應」的篇章作伴讀，目的也是讓讀經的人，能更加深對本段妥拉的經文理解。最後的「新約伴讀」則是作者參考幾個權威性的「彌賽亞信徒 (信耶穌的猶太人)」的網站 [4] 彙整而來。

以上的讀經方式: 猶太人 (包括信耶穌的猶太人，即所謂的彌賽亞信徒) 讀妥拉「搭配」一段與其經文「信息內容」相關的先知書、詩篇、以及新約經文，其實是一種「以經解經」的讀經方式。透過妥拉、以及所搭配的先知書伴讀、詩篇伴讀、新約伴讀，各處的經文彼此「互相呼應」、「前後融貫」，這些經文本身即能「架構出」一幅較為完整的圖像，提供一幅「全景式」的讀經視野。

此外，在各個節期中如: 逾越節、五旬節、住棚節……等，歷世歷代的猶太人也都有各自「選讀」的經文段落。在這些節期中，透過這些「選讀的經文」，也更能深刻地「對準」經文的深層意涵。[5]

---

[1] 關於妥拉讀經的「分段傳統」，另參 黃德光，《道成了肉身-約翰福音猶太背景註釋(2)》，夏華達研道中心，2019 年 10 月第一版，頁 194-201，〈第十二課、古代會堂的讀經傳統:讓人驚訝不已的彌賽亞聯繫〉。

[2] 妥拉讀經的分段及先知書伴讀的分段，筆者主要參考 Nosson Scherman. *The Humash-The Torah, Haftaros and five Megillos with a commentary anthologized from the rabbinic writings.* (חמשה חומשי תורה עם תרגום אונקלוס פרש״י הפטרות וחמש מגילות), Artscoll Mesorah Publications. 2016. 以及 Adin Even-Israel Steinsaltz. *The Steinsaltz Humash-Humash Translation and Commentary.*(חומש שטיינזלץ עם ביאורו של הרב עדין אבן-ישראל שטיינזלץ), Koren Publishers Jerusalem. 2018.

[3] 詩篇伴讀，見 Rabbi Menachem Davis.*The Book of Psalms with an interlinear translation.* (ספר תהלים שמחת יהושע) The schottenstein editon, Artscoll Mesorah Publications. 2016. Xix.

[4] 例如 Hebrew for Christian. , Bibles for Israel and the Messianic Bible Project., First Fruits of Zion.。書本的部分，見 David H. Stern. *Complete Jewish Bible.* Jewish New Testament Publications .1998.

[5] 詳見筆者拙作《奧秘之鑰-解鎖妥拉:耶和華的節期》，在本書中會把所有節期相關「選讀及伴讀的經文」羅列出來。

四、妥拉「標題」

行文中，每段妥拉的「標題」皆以「雙箭頭-粗體字」做標示，目的是要凸顯出這段妥拉的「主題信息」，因為每段妥拉的重點信息大抵都會圍繞在「標題」上，例如下文：

出埃及記第一段妥拉標題<名字>。經文段落從出埃及記 1 章 1 節到 6 章 1 節。<名字>這個標題，在出 1:1 節：

『以色列的眾子，各帶家眷，和雅各一同來到埃及。他們的 名字 記在下面。』
וְאֵלֶּה שְׁמוֹת בְּנֵי יִשְׂרָאֵל הַבָּאִים מִצְרָיְמָה אֵת יַעֲקֹב אִישׁ וּבֵיתוֹ בָּאוּ

這段妥拉的標題:<名字> (שְׁמוֹת) 就是希伯來經文出 1:1 節的第二個字，這個字 (שְׁמוֹת) 就是出埃及記第一段妥拉的標題。

在進入本段妥拉內容之前，先來讀一段經文，在耶利米書 31:35-36：

『那使太陽白日發光，使星月有定例，黑夜發亮，
又攪動大海，使海中波浪匉訇的，
萬軍之耶和華 是 祂的<名> (יְהוָה צְבָאוֹת שְׁמוֹ)。
祂如此說：**這些定例若能在我面前廢掉**，
以色列的後裔也就在我面前斷絕，永遠不再成國。
這是耶和華說的。』

五、整段「淺灰」

行文中，若一些「字詞和概念」是筆者欲加強的閱讀重點，這些「字詞和概念」同樣會以「粗體字」做標示。若「一整段」是筆者認為的「重點內容」，那這「一整段」的文字會以「淺灰色」全部覆蓋，例如下文：

出埃及記第一段妥拉，之所以把<名字>(שְׁמוֹת) 這個字抓出來作為標題，用意很清楚，就是: 這段妥拉的經文內容，所要著墨的重點就是<名字>，這些<名字>包括: 以色列之<名>、法老的<名號>、摩西的<名字>、還有，耶和華神的<聖名>。

上述說的這些<名字>，其背後的意涵為何，彼此之間又如何關聯，互相角力。要服侍、事奉誰的<名>？ 誰的<名>將會為尊為大？ 誰的<名>才是真正代表力量和權柄？ 以上這些，都是<名字>篇這段妥拉所要處理的議題。

<名字>篇這段經文的主軸內容，顧名思義，就是講述到以色列百姓他們的<名字>、身分、命定 與 認同。耶和華神，在這段妥拉裡面 要「**再次恢復**」以色列的 **Identity**。

六、問題與討論

每段妥拉最後的結尾，皆會提出五個問題，問題的設計主要是幫助讀者「複習」本段妥拉的重點信息，或更進一步激發讀者對本段妥拉內容作「更深層的思考」，底下，以出埃及記 No.1 妥拉<名字>篇為範例：

問題與討論:

1. 出埃及記第一段妥拉為什麼取<名字>一詞來作為本段經文的「標題」？ 再來，請從這個<名字>標題論述出這段妥拉經文的「重點信息和內容」。

2. 為什麼說<名字>篇這段妥拉的經文內容，歸根結柢其實是: 兩個神的<名字/名號>的戰爭，也就是: 創造天地宇宙萬物的耶和華神，和那位自稱為太陽神的法老，這 **兩個神的<名號>的戰爭**，請解釋。

3. 為什麼兩個希伯來收生婆的<名字>特意被經文記載下來了，而法老的女兒，甚至是位高權重的法老，他們的<名字>卻都不被記念？

4. **摩西 (מֹשֶׁה)** 的<名字> 希伯來文意思是什麼？ 這個<名字>和「**出埃及**」的任務和行動有什麼意義上的關聯？

5. 當耶和華神「重新定義」**摩西 (מֹשֶׁה)** 的<名字>，賦予這個<名字>一個新的、更深一層的「**命定**」: 就是將以色列百姓「**拉出來**」的時候，摩西一開始的反應是什麼？ 在你的生命中是否出現過這樣的「自我懷疑」？

6. 當摩西問道:『耶和華，祢叫什麼 <名字> ？』的時候，耶和華神的回答是什麼？ 再者，耶和華神的回答講述出了關乎「祂自己的屬性」，請問這些屬性的重點為何？ 另外，希伯來文的「**耶和華**」(יהוה) 這一字到底是什麼意思？

最後，在<名字>篇這段妥拉中，耶和華神「首次啟示」出祂的稱謂和<名號>，這個<稱號>在出埃及記最驚心動魄的第三章中，頻繁地出現，見出 3:6, 15 ,16，請問這個稱謂和<名號>是什麼？

7. 出 5:22-23：『主啊，祢為甚麼苦待這百姓呢？**為甚麼打發我去呢**？自從我去見法老，奉「**祢的名**」說話，法老就苦待這百姓，**祢一點也沒有拯救他們**。』摩西為什麼「懷疑」耶和華神出埃及的「拯救行動」任務，並向耶和華抱怨？再者，耶和華神「怎麼回應」摩西的懷疑，並且要摩西學習什麼樣的功課？

七、妥拉讀經進度

如前文所述，妥拉的讀經進度，按照猶太人傳統，於一年內會把 54 段妥拉讀畢，若遇「節期」，譬如:逾越節、五旬節、住棚節……等等，也都會有相關的妥拉-先知書-詩篇和其他書卷的伴讀經文 [6]，如果讀者希望可以試行一年的妥拉讀經進度，可以掃描上面標題「妥拉讀經進度」右邊正方形的 QR code.將妥拉坊的妥拉讀經進度的 Google Calendar 嵌入，即可知道每週的讀經內容。

---

[6] 在猶太人的讀經傳統裡，不同的節期，會搭配不同的書卷一起伴讀，譬如在逾越節，猶太人會讀《雅歌》。到了五旬節，猶太人會讀《路得記》。住棚節，猶太人會搭配伴讀的書卷是《傳道書》。聖殿被毀日，猶太人會搭配《耶利米哀歌》一起伴讀。普珥節，猶太人則會伴讀《以斯帖記》。在贖罪日，猶太人會讀《約拿書》。關於節期搭配相關書卷伴讀的內容，詳參《奧秘之鑰-解鎖妥拉:利未記》No.6 妥拉<死了之後>篇之第四段「贖罪日與約拿」。

參考資料

寫作期間，除筆者自己對於 (希伯來文) 經文本身的思考之外，亦參考大量猶太-希伯來解經的註經書籍，撰寫過程中的許多想法和寫作方向很多都是「直接得益於」這些註經書籍，底下列出幾本權威性的著作：

Adin Even-Israel Steinsaltz. *The Steinsaltz Humash-Humash Translation and Commentary.*(**חומש שטיינזלץ עם ביאורו של הרב עדין אבן-ישראל שטיינזלץ**), Koren Publishers Jerusalem. 2018.

Nosson Scherman. *The Humash-The Torah, Haftaros and five Megillos with a commentary anthologized from the rabbinic writings.* (**חמשה חומשי תורה עם תרגום אונקלוס פרש״י הפטרות וחמש מגילות**), Artscoll Mesorah Publications.2016.

Jonathan Sacks. *Covenant & Conversation Genesis：The Book of Beginnings.* Koren Publishers Jerusalem; First Edition, 2009.

Jonathan Sacks. *Covenant & Conversation Exodus：The Book of Redemption.* Koren Publishers Jerusalem; First Edition, 2010.

Jonathan Sacks. *Covenant & Conversation Leviticus：The Book of Holiness.* Koren Publishers Jerusalem; First Edition, 2015.

Jonathan Sacks. *Covenant & Conversation Numbers：The Wilderness Years.* Koren Publishers Jerusalem; First Edition, 2017.

Jonathan Sacks. *Covenant & Conversation Deuteronomy：Renewal of The Sinai Covenant.* Koren Publishers Jerusalem; First Edition, 2019.

Jonathan Sacks. *Ceremony & Celebration：Introductios to the Holidays.* Koren Publishers Jerusalem; First Edition, 2017.

Jonathan Sacks. *Lessons In Leadership.* Koren Publishers Jerusalem; First Edition, 2015.

Jonathan Sacks.*Essays on Ethics.* Koren Publishers Jerusalem; First Edition, 2016.

Nehama Leibowitz .*New Studies in Bereshit Genesis.*(*עיונים חדשים בספר בראשית*). The World Zionist Organization. 2010

Nehama Leibowitz .*New Studies in Shemot Exodus.*(*עיונים חדשים בספר שמות*). The World Zionist Organization. 2010

Nehama Leibowitz .*New Studies in Vayikra Leviticus.* (*עיונים חדשים בספר ויקרא*). The World Zionist Organization. 2010

Nehama Leibowitz .*New Studies in Bamidbar Numbers.* (*עיונים חדשים בספר במדבר*). The World Zionist Organization. 2010

Nehama Leibowitz .*New Studies in Devarim Deuteronomy.* (*עיונים חדשים בספר דברים*). The World Zionist Organization. 2010

Avigdor Bonchek，林梓鳳譯，《研讀妥拉:深度釋經指南》(*Studying the Torah: a Guide to In-Depth Interpretation*)，夏達華研道中心出版，2013 年 11 月。

什麼是「妥拉」？

摩西五經，又稱「妥拉」，希伯來文 (**תּוֹרָה**) 讀音 **Torah**，這個字的意思為「**指引、引導**」，英文為 instruction. (**תּוֹרָה**) 這個字究其「字根(**ירה**)」意義為「**射擊**」shoot. 或更進一步說，就是『**射中靶心，射中目標**』。[1]

顧名思義，妥拉就是耶和華神給以色列百姓的一套成聖「生活指南」，在這部生活寶典當中，耶和華神告訴祂的子民，**應該「如何」生活、「怎麼」生活**。因此，耶和華神乃是透過妥拉，向世人表明 **祂對「人」受造的心意: 是要人「活出」神「尊貴、榮美、聖潔」的形象和樣式** 。

此外，妥拉也是整本聖經的第一部分，**是神話語的「全部根基」**，妥拉是耶和華神 向世人「自我啟示」的「第一手文獻」，是以「第一人稱」「親口吩咐」一切的 聖法-典章-律例，也是耶和華神與以色列百姓所訂的永恆「**約書(סֵפֶר הַבְּרִית)**」[2]。事實上整本聖經詳述耶和華神「**直接說話**」紀錄「**頻率-密度最高**」的正是在妥拉/摩西五經當中。

在妥拉這部文獻中，可以清楚了解「**神的心意**」、祂「**做事的法則**」、以及 神在人類歷史中「**運作的軌跡**」，藉此顯明 耶和華神是「**主導歷史**」的主，祂給「**救贖歷史**」的發展主軸做了一個「**定調**」就是: 耶和華神確立以色列作為「長子」的名分，以色列要在萬民中做屬神的子民，成為『祭司的國度、聖潔的國民』，為列國的光。耶和華神立他「聖名的居所」[3] 在以色列當中。而那將來要做以色列的王、彌賽亞耶穌，祂會從「以色列家-猶大支派-大衛」的後裔而出。耶和華神將迦南地賜給以色列百姓為「永久的產業」。**在末後的日子，耶和華神要在以色列身上「顯出」祂大能的權柄和榮耀。[4]** 以上，就是耶和華神，在妥拉裡，**所架構出的一個救贖歷史的「格局和框架」**，好讓世人有一個清楚、可依循的「引導、指南」。

所以，妥拉就「不只是」耶和華神對一個民族所說的話，**還更是耶和華神對於全人類的心意**，包含祂所定下的 **各個節期**，和人類「救贖」大歷史的計畫。

---

[1] 關於「**妥拉(תּוֹרָה)**」一詞的詳細釋義，另見《奧秘之鑰-解鎖妥拉:利未記》No.10 妥拉<在我的律例>篇之第二段「律法與妥拉」。

[2] 出埃及記 24:7。

[3] 申命記 12:5,11,14,26, 16:2,6,7,11,15,16.。同參《奧秘之鑰-解鎖妥拉:申命記》No.4 妥拉<看哪>篇之第二段「立為祂名的居所」。

[4] 以西結書 36:23, 38:16,23。

同時，妥拉也不是一套墨守成規的律法、教條，就像文士、法利賽人所守的、所理解的那種方式，因為這正是耶穌所反對「面對妥拉的僵硬方式」。**妥拉乃是神的話語，是要『帶來生命和醫治』。**

正如約書亞記 1:8 所說：

> 『這**律法書** (原文是**妥拉**) [5]，不可離開你的口，總要晝夜思想，
> 好使你謹守遵行這書上所寫的一切話。
> 如此，**你的道路就可以亨通，凡事順利。**』

又如詩篇 1:2-3 所記載：

> 『惟喜愛耶和華的 **律法** (原文是**妥拉**)， 晝夜思想， 這人便為有福！
> 他要像一棵樹栽在溪水旁，**按時候結果子，葉子也不枯乾。**
> **凡他所做的 盡都順利。**』

及至到了被擄歸回時期，尼西米、文士以斯拉回到耶路撒冷後，他們所做的第一件是仍是『**恢復神的律:妥拉**』。

尼西米記 8 章，描述了這一感人肺腑的重大時刻：

> 『到了七月，以色列人住在自己的城裏。
> 那時，他們如同一人聚集在水門前的寬闊處，
> 請文士以斯拉，將耶和華藉摩西傳給以色列人的 **律法書(妥拉)** 帶來。...
> 以斯拉站在眾民以上，在眾民眼前展開 **這書(妥拉)**。
> 他一展開，眾民就都站起來。...眾民聽見 **律法書(妥拉)** 上的話都哭了。』

整本聖經，對妥拉是充滿「**積極正面**」的教導，這是當然的，因為那是『**耶和華神的話**』。

又如詩篇 19:7 說：

> 『耶和華的 **律法(妥拉) 全備，能甦醒人心。**』

來到新約，耶穌與妥拉 [6] (當然) 也是息息相關。

---

[5] **妥拉(תּוֹרָה)** 這個希伯來字在中文聖經多半被翻譯成「律法」，這其實並不是很好的翻譯。
[6] 同參《奧秘之鑰-解鎖妥拉:利未記》No.10 妥拉<在我的律例>篇之第三段「耶穌與律法」。

耶穌曾在約翰福音 4:22 親自提到 救恩的猶太根基，耶穌說：『你們所拜的你們不知道，我們所拜的我們知道，因為 救恩是從猶太人出來的。』

耶穌從『亞伯拉罕-以色列家-猶大支派-大衛的後裔』而出，耶穌「在世肉身」的身分，是個不折不扣的猶太人，正如保羅所說『列祖就是他們的祖宗；按肉體說，基督(彌賽亞) 也是從他們 (以色列) 出來的』羅馬書 9:5

耶穌在世，守安息日、上會堂，讀 (父神耶和華的) 妥拉、過父神耶和華的節期：逾越節、五旬節、住棚節……等等。在新約裡面，有許多地方記載耶穌「遵守妥拉」的典範 ，以及對妥拉「賦予新意」的教導。

首先、耶穌按照妥拉「受割禮」[7]，在聖殿中獻給父神。在路加福音 2:21-23 中寫道：『滿了 八天，就給孩子 行割禮，與他起名叫耶穌；這就是沒有成胎以前，天使所起的名。按摩西律法 (妥拉) 滿了潔淨的日子，他們帶著孩子上耶路撒冷去，要把他獻與主(父神耶和華)。正如主 (父神耶和華) 的律法 (妥拉) 上所記：凡頭生的男子必稱聖歸主。』

第二、耶穌運用妥拉中的教導，例如在路加福音 5:12-14 經文提到，當耶穌醫治完大痲瘋的病人後就對他說： 『只要去給祭司查看，照摩西 (妥拉) 所規定的，獻上潔淨禮的祭物，好向他們作見證。』[8]

第三、在新約中，隨處可見耶穌遵守妥拉中「耶和華神所定下的節期」，譬如在馬太福音 26:17 中寫到耶穌守逾越節：「除酵節的第一天，門徒來問耶穌說：你吃「逾越節」的筵席，要我們在哪裡給你預備？」

事實上，耶穌來到世上的「道成肉身」的救贖工作，完全就是以「耶和華的節期」為中心展開。[9] 馬太福音 26:2，耶穌說『你們知道，過兩天是 逾越節，人子將要被交給人，釘在十字架上。』所以耶穌是「逾越節」被殺的羔羊，因為按照 父神耶和華的時間計畫表，耶穌在「逾越節」受難。耶穌在「初熟節」復活，所以耶穌成為『睡了之人初熟的果子』林前 15:20。最後，耶穌升天前囑咐門徒，要在耶路撒冷等候父神在「五旬節」的時候，將聖靈澆灌下來。使徒行傳 1:4

最後、耶穌在世 並沒有廢掉妥拉，乃是要成全妥拉。在馬太福音 5:17-18，耶穌說：

---

[7] 同參《奧秘之鑰-解鎖妥拉:利未記》No.4 妥拉<懷孕>篇之第五段「割禮的盟約」。

[8] 同參《奧秘之鑰-解鎖妥拉:利未記》No.5 妥拉<大痲瘋>篇之第五段「耶穌與大痲瘋」。

[9] 同參《奧秘之鑰-解鎖妥拉:利未記》No.8 妥拉<訴說>篇之第二段「節期的功能」。

『莫想我來要廢掉 律法/妥拉(תּוֹרָה) 和先知，
我來不是要廢掉，乃是要成全。
我實在告訴你們：就是到天地都廢去了，
律法/妥拉(תּוֹרָה) 的一點一畫 也不能廢去，都要成全。』

耶穌沒有廢掉妥拉，**耶穌要廢掉的 乃是: 文士和法利賽人所奉行的僵化的、人為的「律法主義」**。因為耶穌其實把律法/妥拉的標準「**提的更高**」，直搗妥拉的核心，也就是人的心思意念。『凡看見婦女就動淫念的，這人「**心裡**」已經與她「**犯姦淫**」了。』馬太福音 5:28

事實上，在耶穌、門徒和初代彌賽亞會堂[10] 的時期，他們所讀的是「希伯來聖經」，至少摩西五經(妥拉)和先知書的部分都已成冊。所以《提摩太後書》3:16 節說的『**聖經** 都是神所默示的，於教訓、督責、使人歸正、教導人學義都是有益的， 叫屬神的人得以完全，預備行各樣的善事。』這裡的「**聖經**」，自然指的是: **妥拉、先知書。**

再來，在耶穌那個時候，也尚未有『受難日、復活節、聖靈降臨節...』這些後來人所制訂出來的節期；**耶穌和門徒們過的是妥拉中『耶和華的節期』**。

客觀忠實地回到聖經的文本和歷史脈絡中，**其實「耶穌自己」並沒有要自立於以色列先祖的「希伯來信仰的傳統」之外，另立「一個新的宗教」，並且自稱為這個「新宗教的教主」**，耶穌沒有這樣做。充其量我們最多只能說: 耶穌是希伯來信仰中，一個最具革命性、帶來最深遠效應的一位 (在希伯來信仰體系中的) 宗教改革者，只是這位改革者的身分極其特殊，因為他是父神耶和華所差來的:[11]

『我與「父神耶和華」**原為一。**』約翰福音 10:30

我們說，基督徒信耶穌，是耶穌的跟隨者，那耶穌自己有沒有信仰 ？

答案是肯定的，耶穌相信父神 (耶和華)，耶穌說:

---

[10] 相信耶穌是猶太人的彌賽亞的門徒們，及其所成立的會堂，稱之為「彌賽亞信徒和會堂」。

[11] 當耶穌談論上帝時，總會勾起人對 (以色列的) 上帝的回憶，記起 (這位)上帝所做的一切。這位上帝從地上萬族揀選亞伯拉罕，拯救以色列免受埃及奴役，上帝賜他們妥拉，讓他們成為祂的子民。這位上帝又藉眾先知，告訴他們救贖將要臨到。耶穌談論「上帝」，談論的是跟「以色列」有深厚淵源的上帝，不是討論哲學家想像的那個「抽象的」上帝。所以耶穌在猶太會堂、在耶路撒冷聖殿宣講信息，完全是理所當然，因為這裡就是以色列的上帝受人敬愛和崇拜地方。正因為如此，當眾人回應耶穌的信息時，『他們就歸榮耀給「**以色列的上帝 (אֱלֹהֵי יִשְׂרָאֵל)**」。』(馬太福音 15:31)。見《耶穌的福音-探索耶穌信息的核心》，Joshua N. Tilton，呂少香譯，夏達華研道中心出版，2015 年九月，頁 13. 第三章 <耶穌宣告「誰的」王國?>

『我以「父神耶和華」的事 為念。』路加福音 2:49

又說：

『子憑著自己什麼也不能做，
只有看見「父神耶和華」所做的，子才能做，
因為「父神耶和華」所做的事，子也同樣地做。』約翰福音 5:19

再來看耶穌的<主禱文>就非常清楚，前三句話都是「指向」天父(耶和華神):

『我們在「天上的父神耶和華」，
願人都尊「祢耶和華神的名」為聖，
願「祢耶和華神的國」降臨，
願「祢耶和華神的旨意」行在地上如同行在天上。』馬太福音 6:9-10

如果耶穌在地上，凡事都按照「**父神耶和華的旨意**」在行事....那我們應該就有必要去認真探詢和了解「**父神 (耶和華) 的心意**」為何？ 「**父神耶和華做事的法則**」是什麼？ 而這些，其實都已詳細地啟示-陳明在妥拉 (摩西五經) 當中。

因為，耶穌道成肉身，來到人世間的最終目的，是要把人「引向」父神耶和華那裏去，正如耶穌自己說的：

『我就是道路、真理、生命。
若不是藉著我，沒有人能到「父神耶和華」那裡去。』約翰福音 14:6

『**因為我從天上降下來，不是要按自己的意思行，**
乃是要按「那差我來者的」意思行。』約翰福音 6:38

『**我的教訓，不是我自己的，**
乃是「那差我來者」的。』約翰福音 7:16

這樣看來，**作為聖子的耶穌，自然也就不可能會說出和父神耶和華「互相矛盾」的話語和教導出來**，因為如詩人所言：

『**耶和華啊，祢的話**(妥拉) **安定在天，直到永遠。**』詩篇 119:89

最後，用詩篇 119:1 這節經文來作一個小結：

『行為完全、**遵行耶和華律法 (妥拉)** 的，這人便為有福。』[12]

[12] 詩篇 119 篇除了是「篇幅最長」的一首詩篇，也是出現「妥拉(**תּוֹרָה**)」這個字密度最高，最頻繁的一首詩篇，一共出現 25 次之多，高居整本聖經之冠，原因無他，因為詩篇 119 正是在歌頌-讚美耶和華神「妥拉」的智慧奧妙，並教導人要愛「妥拉」、遵守「妥拉」。

目錄

出埃及記

「文本信息」綜論

創世以來，因著兩個十代的人類「犯罪-敗壞」，到耶和華神呼召亞伯拉罕「出來」要肩負「修復」世界，將人類歷史發展歪曲的方向「拉回」正軌，因此耶和華神鞏固「救贖歷史」的「聖約」血脈: **亞伯拉罕-以撒-雅各**，這個以色列族長的歷史，發展到最後，來到了埃及。

創世記 47:27 提到: 以色列人<住在>埃及的歌珊地。他們在那裏置了產業，並且生育甚多。<住在>，就是創世記最後一段妥拉的標題。<住在>埃及，以埃及為「永久安居」的土地，這導致了以色列百姓的「同化」，最後迎來的是「奴役-逼迫-殺戮」的流亡狀態。所以，出埃及記一開始就提到了法老的迫害，和以色列人的奴役，但，這卻「不是」以色列人「命運的終局」。

出埃及記，希伯來文的書卷名為 (שְׁמוֹת)，意思正是「名字」Names.

因為出埃及記開篇即提到「以色列」眾子的<名字>，這表示，耶和華神要「再次確立」並「恢復」希伯來人的**名字、身分和命定**，你們以色列百姓是耶和華神「長子」的地位，要「繼續承接」先祖們的屬靈產業和「使命任務」:將神的國度建立在這個地上。

同時，耶和華神也透過十災、帶領以色列民出埃及的「救贖」行動，來向世人顯明:

1. 亞伯拉罕-以撒-雅各的神，是「守約」的上帝，「紀念」祂與以色列先祖所起的誓，所立的「永約」。因此，當以色列遭難時，耶和華神會不惜一切代價「全力搶救」以色列。

2. 耶和華是「主導歷史」的主，是「掌控大自然」的王，耶和華「比萬神都大」。因此，出埃及記再次強力證明了創世記的文本信息: 耶和華神 是創造天地宇宙萬物的主宰，祂定意要執行祂「修復」世界的國度計畫。

所以，以色列百姓被領出埃及後，很快地來到西奈山與耶和華神「相認」，拿到一張新的「國民身分證」要成為『祭司的國度，聖潔的子民，在萬民中做專屬耶

和華的子民』，另外還領取一份「永恆的婚約」，就是神的聖法:十誡及一切的典章、律例、法度……統稱為「妥拉」。這是人類歷史上，**耶和華神 (首度)** 將祂的**「整套聖法」系統性地授予一個特定的人類社群。**

因此出埃及記的結尾，也是出埃及記的巔峰和「完成」，就提到 **會幕** 的豎立和完工，**讓神的榮耀 (在人類犯罪以後)**，首次，得以在一個人類團體裡面「居住和同在」，這代表耶和華神「恢復」了與人類 <在起初> 的同住狀態。同時，也藉此表明: 耶和華神立「祂名」的居所「在」以色列當中，使以色列(眾子/後裔)之「名」進一步的得到深化和堅固。

出埃及記 **No.1** 妥拉
<名字>篇（פרשת שמות）

本段妥拉摘要：

出埃及記第一段妥拉，標題為 <名字>，希伯來文(שְׁמוֹת)。

耶和華神在這段妥拉經文裡，所要著手處理的一件大事，就是要來「恢復」希伯來人的「**名字、身分和命定**」。神透過摩西，來告訴這群正在為奴，替法老做苦工的希伯來同胞說：你們的<名字>是 以色列 (יִשְׂרָאֵל)，是『**與神角力的勇者**』，這時候你們要起來，與這位奴役你們的太陽神：法老「**搏鬥、摔跤**」。

你們的身分不是奴隸，你們真正的身分是尊貴的，是「**耶和華神的長子**」。你們的命運，不是一輩子在埃及為法老蓋神廟、造金字塔，這不是你們希伯來人的「**命定**」，你們的「**使命**」是要「**繼續肩負**」先祖們：亞伯拉罕-以撒-雅各，從耶和華神領受來的神聖呼召：修復世界，將人類發展歪曲的歷史拉回到正確的道路上，宣揚造物者：**耶和華神的<名>**。

因著這個「**名字-身分**」被恢復的緣故，耶和華神「定意要執行」以色列百姓「出埃及」的救贖行動，但問題是：法老不肯，作為埃及大帝國的統治者：法老認為，希伯來人是埃及帝國的「**廉價勞動力和生產力**」，是一群可以被任意剝削、榨乾的外勞。所以法老在出埃及記 5:2 對摩西說：

> 『耶和華是誰，使我聽祂的話，容以色列人去呢？
> 我不認識耶和華，也不容以色列人去。』

因著法老這番強硬且蔑視的言論，在出埃及第一段妥拉最後的結尾，就引發了『兩個神的<名號>的戰爭』，一個是自詡為太陽神之子的法老，另一個是希伯來人的上帝：耶和華。

出埃及記 No.1 妥拉 <名字> 篇（פרשת שמות）

經文段落:《出埃及記》1:1 - 6:1
先知書伴讀:《以賽亞書》27:6 - 28:13、29:22-23
詩篇伴讀: 99 篇
新約伴讀:《馬太福音》2:1-12、《使徒行傳》7:17-35

一、 神「記念」以色列的<名>

出埃及記第一段妥拉標題<名字>。經文段落從出埃及記 1 章 1 節到 6 章 1 節。
<名字>這個標題，在出 1:1 節:

『以色列的眾子，各帶家眷，和雅各一同來到埃及。他們的 名字 記在下面。』
וְאֵלֶּה שְׁמוֹת בְּנֵי יִשְׂרָאֵל הַבָּאִים מִצְרָיְמָה אֵת יַעֲקֹב אִישׁ וּבֵיתוֹ בָּאוּ

這段妥拉的標題:<名字> (שְׁמוֹת) 就是希伯來經文出 1:1 節的第二個字，這個字
(שְׁמוֹת) 就是出埃及記第一段妥拉的標題。

在進入本段妥拉內容之前，先來讀一段經文，在耶利米書 31:35-36:

『那使太陽白日發光，使星月有定例，黑夜發亮，
又攪動大海，使海中波浪匉訇的，
萬軍之耶和華 是 祂的<名> (יְהוָה צְבָאוֹת שְׁמוֹ)。
祂如此說: 這些定例若能在我面前廢掉，
以色列的後裔也就在我面前斷絕，永遠不再成國。
這是耶和華說的。』

出埃及記第一段妥拉<名字>篇，開篇即描述了以色列百姓進入一個「流亡、迫
害」的艱苦時期，埃及地的統治者和百姓開始苦待他們，這地不再帶給他們豐衣
足食、幸福快樂的生活。以色列民現在所面對的是: 命運被剪除、性命存亡 的
關鍵時刻。雖然如此，但耶和華神「並沒有忘記」祂的百姓: 以色列民，耶和華
「記得」他們所有人的<名字>，出埃及的拯救計畫，馬上就要展開，正如出 1:1-4
所「特意 具名」記載的:

『以色列 的眾子，各帶家眷，和雅各一同來到埃及。
他們的<名字>記在下面。
有 呂便、西緬、利未、猶大、以薩迦、西布倫、
便雅憫、但、拿弗他利、迦得、亞設』

出埃及記第一段妥拉，之所以把<名字>(שְׁמוֹת) 這個字抓出來作為標題，用意很清楚，就是: 這段妥拉的經文內容，所要著墨的重點就是<名字>，這些<名字>包括: 以色列之<名>、法老的<名號>、摩西的<名字>、還有，耶和華神的<聖名>。

上述說的這些<名字>，其背後的意涵為何，彼此之間又如何關聯，互相角力。要服侍、事奉誰的<名>？ 誰的<名>將會為尊為大？ 誰的<名>才是真正代表力量和權柄？ 以上這些，都是<名字>篇這段妥拉所要處理的議題。

<名字>篇這段經文的主軸內容，顧名思義，就是講述到以色列百姓他們的<名字>、身分、命定 與 認同。耶和華神，在這段妥拉裡面 要「再次恢復」以色列的 **Identity**。

這裡可以先來綜覽一下，以色列百姓在整卷出埃及記裡面的發展: 以色列百姓在埃及經歷十災、過紅海，到西奈山領受十誡，接著，摩西教導他們一些比較細的民事法、律例典章，也就是人應該如何對待他人，人在社會中需要受到什麼樣的規範。如上所述，有了十誡這個母法，和比較細的民事法以後，以色列全體人民就受到一個很好的規範。

接下來在出埃及記的後半段就講到，摩西按著耶和華神的吩咐，動員全體百姓，集資蓋會幕，最後出埃及記四十章講到，神的居所-會幕 被立起來。 會幕被立起來的意思就是: 耶和華神「住在」以色列百姓當中，或者講的更具體一點就是: 耶和華神的<名號、名字>被鑲嵌在以色列百姓當中。因此，可以說，**出埃及記的完成，出埃及的高峰，正是會幕被立起來** 這件事。出埃及記這卷書，最後就是以會幕被立起來，畫下一個完美的句點。

如此，我們可以清楚看到出埃及記經文內容有一個「首尾呼應」的安排，就是 以色列的<名字> 和 耶和華神的<名號> 彼此呼應，亦即，最後耶和華神自己蓋章，神將自己的聖名「蓋印」[1] 在以色列百姓身上，**會幕** 被立在以色列百姓 當中。

---

[1] 民 6:27 的經文按希伯來文直譯『他們 (摩西-亞倫) 要把 我的名 安置在以色列人身上；我要賜福給他們。』

回到<名字>篇這段妥拉，以色列百姓此時，正準備要去經歷 **生命主權歸屬的「轉移」**，要從法老「轉移到」耶和華神手上，所以出埃及記第一段妥拉的經文重點，其所要著手處理的重點議題，就是 **恢復以色列百姓的身分和命定**，只是在這個恢復、和覺醒的過程中，以色列百姓必須要先「知道、記得」，他們家族的<名字、名號> 叫做 以色列 (**יִשְׂרָאֵל**): 與神摔跤者 [2]。

因為這個時候，耶和華神要這一群正在埃及「被奴役」的希伯來人勇敢起來，向這位自稱為「太陽神」的法老 **來摔跤、來搏鬥**。

二、 兩個神的<名號>的戰爭

在<名字>篇這段妥拉的經文敘事發展中，耶和華神欲恢復以色列的<名字>和身分恢復，但在這個過程中，最後的局勢演變成兩個神的<名字/名號>的戰爭 也就是: 創造天地宇宙萬物的耶和華神，和那位自稱為太陽神的法老，這 **兩個神的<名號>的戰爭。**

這個戰爭的白熱化起因於法老在出埃及記 5:2 說的話：

> 『**耶和華 是誰**，使我聽祂的話，容以色列人去呢？
> 　　**我不認識 耶和華**，也不容以色列人去。』

耶和華是誰？我不認識耶和華。我不認識以色列先祖的這一位上帝，這位創造天地的神。法老說這些話，言下之意就是: 憑什麼耶和華是上帝，而我法老必須要「屈居於」這一位「**希伯來人的上帝**」[3]，要我法老聽命於耶和華神的話，讓以色列人這群外勞白白地離開埃及，而不繼續待在埃及替我們埃及人做苦工呢？

所以，最後，兩個神的<名號>的戰爭，於焉展開。

---

[2] 「以色列 (**יִשְׂרָאֵל**)」這個字可以分解成兩個字(**יִשְׂר-אֵל**)，後面的(**אֵל**)是神 的意思，前面的(**יִשְׂר**)是「動詞(**שָׂרָה**) 與...搏鬥較力」之意，見創 32:28『那人說：「你的名不要再叫 雅各，要叫 以色列；因為 你與上帝 與人較力(**שָׂרִיתָ**)，都得了勝。」』關於 以色列 (**יִשְׂרָאֵל**) 這個希伯來字的詳細釋義，另參《奧秘之鑰-解鎖妥拉:創世記》No.6 妥拉<後代>篇之第二段「以掃與雅各」，以及《奧秘之鑰-解鎖妥拉:創世記》No.8 妥拉<打發-放手>篇之第三段「與神與人較力」。

[3] 耶和華「希伯來人的上帝」(**יְהוָה אֱלֹהֵי הָעִבְרִים**) 的這個<稱號-名號>在出埃及記整個十災的經文敘事中頻繁地出現，詳見出埃及記 No.2<我顯現>篇之第三段「十災的結構」。

回到<名字>篇的開頭，在出 1:8 提到，當時有一個新上任的法老，「不認識」約瑟 ，這個「不認識」(לא-ידע) 翻的白話一點就是「不親近、不熟」、「沒有理性和情感上的連結」。但這位新上任的法老真的「不認識」約瑟，真的「沒聽說過」約瑟的事蹟，真的「不知道」約瑟在埃及前朝的豐功偉業嗎？

如果回顧一下創世記，當時在埃及地發生的飢荒，是誰給前朝的法老獻策，或者再往前一點講，當前朝的法老做了兩個夢，他身邊的這些博士、術士、占卜的或觀星的，一個個都沒有辦法解夢的時候 反而是由一個外國人，一個 希伯來人，而且這個人還是一個囚犯，是他來替法老解夢，這個人是誰？是 約瑟。

所以 約瑟 在埃及的歷史上，他解夢，並一躍而上，當了埃及宰相的事蹟，在前朝肯定是個轟動全埃的新聞事件，就是：怎麼有一個外國人，而且還是被埃及人所鄙視的希伯來人，本來是個階下囚，但因為他幫法老解夢 並且還提出一些很重要的決策，幫助埃及度過糧食危機，度過飢荒，而當上埃及宰相。此外，前朝的法老也清楚知道，**有一位神與約瑟同在，所以使得約瑟有智慧**，可以去解決、解開這個夢的奧秘，並預想對策。[4]

因此，現任的法老不可能「不認識」約瑟這個人，他肯定知道，經文說「不認識」，言下之意其實是「不承認」約瑟過去對埃及的貢獻，或是再進一步講，就是我這個新上任的法老「不認可」你約瑟所敬畏信靠的那位<名字>叫做**耶和華**的神。

縱使我法老「聽聞過」這位前朝鼎鼎<大名>的埃及宰相: **約瑟**，和他所敬畏的希伯來神:**耶和華** 是如何地 **與約瑟同在**，使約瑟 **有聰明、有智慧**，能幫助前朝的法老解夢，並解決全埃及的經濟和財政困頓，「拯救」埃及免於大飢荒的困境。

但，對不起，**約瑟** 在埃及偉大的貢獻和著名的事蹟與我 (這位新上任的法老) 無關，我法老「不認識」這位前朝宰相的<名字>，也「不認可」約瑟 過去在前朝所累積的「聲望和名譽」，他的種族身分「希伯來」人是我們埃及所厭惡的，我更「不知道」[5] 也絕「不承認」約瑟 所敬畏的希伯來神<名>: 耶和華的能力和權柄。

4　創世記 41:38-39『法老對臣僕說:「像這樣的人，**有上帝的靈 在他裏頭**，我們豈能找得着呢？」法老對約瑟說：「上帝 既將這事 都指示你，可見 沒有人 像你這樣 有聰明 有智慧。」同參《奧秘之鑰-解鎖妥拉:創世記》No.10 妥拉<過了/到盡頭>篇之第三段「一個希伯來的少年」、第四段「在外邦做見證」。

5　出 1:8『有 **不認識** 約瑟的新王起來，治理埃及』清楚對應到出 5:2『**耶和華** 是誰，使我聽祂的話，容以色列人去呢？ 我 **不認識** 耶和華，也不容以色列人去。』

而 約瑟 的希伯來文<名字>叫 (יוֹסֵף)，意思就是「上帝加增」[6]，可是現在，這位新的法老起來 他卻要蓄意做一件相反的事情，就是要「減少、剪除」以色列百姓。

所以在<名字>篇這段妥拉經文發展的過程中，我們可以清楚感受到背後有兩股力量的拉扯和較力、有一個「互相對抗」的動態關係，就是代表太陽神的 法老，他要消滅以色列百姓；但是以色列先祖的神 耶和華，卻在背後替他們撐腰，使他們繼續『生養眾多，並且繁茂，極其強盛，滿了那地。』出 1:7

『於是埃及人派督工的轄制他們，加重擔 苦害 他們。
只是越發苦害他們，他們越發 多起來，越發 蔓延。
埃及人嚴嚴地使以色列人做工。』出 1:11-13

法老想要透過「奴役-做苦工」的方式，來「壓制」以色列民族的人口增長，但沒有奏效，最後，只好搬出「終極解決」方案: 屠殺嬰孩、殺男嬰。

所以在接下來的經文，我們看到，法老透過「國家宣傳」的方式，鼓動全埃及陷入瘋狂的屠殺，出 1:22：

『法老吩咐 他的眾民 說
「以色列人所生的男孩，你們都要丟在河裏』。

法老對希伯來男嬰如此的趕盡殺絕，也讓我們想到，當耶穌出生，當時做王的大希律，他知道有一位以色列的彌賽亞，以色列的王 會降生在伯利恆城裡，所以大希律王就下令，要把伯利恆城兩歲以下的男孩全部殺盡。[7]

按猶太解經傳統，當時的法老知道，這個時候，在希伯來人當中，要誕生一位帶領以色列人出埃及的民族英雄，這個人就是後來的 摩西。

但很諷刺的是，當法老越是要這樣處心積慮地「減除、殺害」以色列百姓的時候，法老卻越是無法得逞，因為法老最後竟然把這位希伯來的民族英雄:摩西，養在自己家裡，法老把摩西養在自己的皇宮中，還讓摩西學會了一切埃及人的學問。

---

[6] 創 30:23-24『拉結懷孕生子，就給他起名叫 約瑟 (就是增添的意思)，意思說：「願耶和華再增添我一個兒子。」』另參《奧秘之鑰-解鎖妥拉:創世記》No.7 妥拉<出去>篇之第四段「以色列十二支派的雛型」。

[7] 見馬太福音 2:16 『希律見自己被博士愚弄，就大大發怒，差人將伯利恆城裏並四境所有的男孩，照着他向博士仔細查問的時候，凡兩歲以裏的，都殺盡了。』

三、 誰被記念？ 誰不被記念？

每個人都希望自己的<名字>，可以被重要的人、或是被神所「記得、紀念」。

在<名字>篇這段妥拉中，經文很突出地，只「特別記載」兩位婦女的<名字> [8]，她們是市井小民、在一般人的眼裡，或許只是微不足道、默默「無名」的小人物，但因她們不畏強權，勇於做正確的事，**行耶和華眼中看為正的事**，所以她們的事蹟和<名字>就被神記念，<名字>被載入出埃及記當中，這兩位以色列民族史上的巾幗英雄就是: **施弗拉(שִׁפְרָה)** 和 **普阿(פּוּעָה)**。出埃及記 1:15-17：

> 『有希伯來的兩個收生婆，一<名> 施弗拉，一<名> 普阿；
> 埃及王對她們說：「妳們為希伯來婦人收生，看她們臨盆的時候，
> 若是男孩，就把他殺了；若是女孩，就留她存活。」
> 但是 **收生婆敬畏上帝**，不照埃及王的吩咐行，竟存留男孩的性命。』

因著 **施弗拉** 和 **普阿** 的「義舉」，她們願意「冒著性命危險」，違抗法老-埃及帝國的強制政令，存活了每一個寶貴的，希伯來男嬰的小生命，所以她們的<名字>被耶和華神記載在出埃及記當中。

筆者於 2012 年在以色列的集體農場/奇布茲(קִיבּוּץ)當國際志工，其中認識的一個猶太女孩，<名字> 就叫做: **施弗拉(שִׁפְרָה)**。直到如今，這收生婆的「美名」仍被人傳頌和紀念，以致於三千多年後的今天，在現代的猶太家庭中，還有父、母會用「這名」來「命名」自己的女孩。

反觀位高權重、不可一世的法老，雖是當時全世界文明發展到最顛峰的、一個帝國的王，但有意思的是，在整個出埃及記的經文敘事當中，**卻沒有任何一個法老的<名字>被記載下來**，好像他們都是<無名>氏一般。[9]

法老苦待、奴役、迫害以色列民的「惡行」是被記錄下來了，但法老的<名字> 卻不被耶和華神所記念，乃是被後代世人所遺忘。

---

[8] 反觀法老女兒的<名字>就沒有被特意地記載下來。

[9] 這當然也就更增添歷史考古的難度，或者說興趣，因為時至今日，仍有許多考古學者對於苦待以色列的當朝法老，究竟是誰？到底是「哪一位」法老？而持續地考究，並為此爭論不休。

四、 摩西的<名字>:「名字」的轉化與「身分」的改變

摩西 (מֹשֶׁה) 的<名字> 希伯來文意思是「拉出來」。

這個<名字>是法老女兒取的,這個「命名」用意是要讓摩西紀念、感謝法老女兒的「救命」恩情。亦即: 若不是我 (法老女兒) 將你摩西從水中「拉出來」,你早已溺斃,不會存活到如今。出埃及記 2:10:

> 『孩子漸長,婦人把他帶到法老的女兒那裏,就作了她的兒子。
> 　她(法老的女兒) 給孩子 <起名> 叫 摩西(מֹשֶׁה),
> 　意思說:因我把他從水裏「拉出來」(מְשִׁיתִהוּ)。』

一天,摩西從法老宮中外出,見到一個希伯來人被埃及人痛打,於是摩西的「民族意識」被喚起,那血濃於水的「同胞情感」被點燃,摩西作為一個希伯來人的「身分認同」被召喚。於是,他見義勇為,竟把一個埃及人打死。出埃及記 2:11-12:

> 『摩西長大,他出去到他弟兄那裏,**看他們的重擔**,
> 　見一個埃及人打 **希伯來人** 的一個弟兄。
> 　他左右觀看,見沒有人,就把埃及人打死了,藏在沙土裏。』

此事傳到法老宮中,令法老震怒,全國即刻發出通緝令,要追殺摩西,就是出 2:15 說的:

> 『法老聽見這事,就想殺摩西。』

就這樣,摩西的「身分」,一夕間,跌宕到谷底,從法老的養子變成一個通緝犯,本可以養尊處優的在皇宮中生活,現在人生卻變得一無所有,由此展開 40 年的「逃亡」生涯。

這就是摩西『**身分覺醒、恢復命定**』要付出的代價,當摩西越加「意識」到自己是個 希伯來人 時,就越是必須要在生命中「釐清」他的命定和身分,要做出一個清楚明確,甚至痛苦的「切割」- 與埃及的一切種種做一刀兩斷的切割。

耶和華神要以色列百姓離開埃及、「**被拉出**」埃及,而作為將來出埃及的「領導者」: **摩西**,他自己,就是以色列百姓中第一個要被神「**拉出**」埃及(皇宮) 的人。

從經文敘事的脈絡中看到，只有當摩西「承認」自己「真實」的身分，和埃及做出「切割」，並逃亡到曠野時，耶和華神 才首度向摩西「顯現和啟示」，儘管當時的摩西是處在人生最困頓、前途茫茫、不知何去何從的處境中。

接著就來到何烈山「焚而不毀」的荊棘異象的情節，那裏，是耶和華神和摩西所做的第一類接觸的場景。摩西生平「第一次」聽到耶和華神對他的呼喚，這個呼喚不是什麼話、或句子，或難解的謎語，乃是 摩西 自己的<名字>。出 3:4：

耶和華神從荊棘裡呼叫說:

『摩西 (拉出來)！ 摩西 (拉出來)！』

這個呼喚，本身就是一個宣告、命令和「救贖任務的行動代號」：耶和華神從荊棘裏呼叫說:『摩西 (拉出來)！摩西 (拉出來)！將你的同胞從埃及的迫害和苦難的深淵中「拉出來 - 救出來」！』[10]

耶和華神這一石破天驚的呼喚，「澈底改變」摩西的一生。此後，摩西再也不會去記念法老女兒的救命之恩，此刻的 摩西 已經不是從前那位被法老女兒從水裡「拉出來」並養在法老皇宮中的小男孩；

現在的 摩西 聽到以色列百姓發自靈魂深處的吶喊和哀求:『拉出來，救出來，將我們從奴役和迫害的痛苦中 拉出來、救出來！』摩西將蛻變成一位，將自己同胞族人從痛苦患難中「拉出來」的民族英雄。

摩西/ 拉出來，雖是同一個 <名字>，但因著摩西的 <名字> 被耶和華神更深一層的「挖掘」和「轉化」，使得摩西的「身分和命定」經歷了一個鋪天蓋地的劇烈改變。

---

[10] 摩西的<名字>也讓我們想起耶穌的<名字>，耶穌 (ישוע) 希伯來文意即:拯救，『因為祂要將自己的百姓從罪惡裡 救出來(יושיע)。』馬太福音 1:21

五、 身分與作為: 認識你自己

要激發一個人的「潛能」，最好的方法就在他身陷「絕境」時，賦予此人一個「不可能」的任務。說到這裡，摩西就是一個絕佳的例子。

出 3:11 這節經文，大概是這段妥拉最關鍵的一節經文。摩西在收到耶和華神的任務賦予:『**帶領以色列百姓出埃及**』之後，隨即提出了一個關乎自身的「存在」問題：

『我是什麼人？』(מִי אָנֹכִי)
希伯來文直譯為『**我是誰？**』
Who am I ?

一個人對自己「本質」有什麼樣的「認識」，那就會在他的「生命」中帶出什麼樣的「行動和作為」。

『摩西對上帝說：「我是甚麼人(我是誰？)，
竟能 去見法老，將以色列人 從埃及領出來呢？」』出 3:11

摩西從自己的眼光，看到「眼前」所處的艱難環境，於是向神反問道:『**我是誰？**』我是摩西啊，我現在兩手空空、一無所有，我還是個在逃的通緝犯，目前作為一個「惡名」昭彰的叛徒，身處在曠野。

『**我是誰？**』我怎能以一個「罪犯」的身分，回去埃及，見那位要追殺我的法老呢？ 這不是自投羅網、自尋死路？ 再者，若是回埃及，我這條歹命能苟活就該偷笑了，怎麼可能還行有餘力，帶領以色列百姓離開埃及呢？！

雖然，耶和華神已經「重新定義」**摩西 (מֹשֶׁה)** 的<名字>，賦予這個<名字>一個新的、更深一層的「命定」：就是將以色列百姓「**拉出來**」。但摩西此時似乎退縮了，在耶和華神告訴「摩西」這<名>的「真義」時，**他好像不敢承認這樣的自己**。 摩西認為自己無法「名符其實」地去執行耶和華神所交付給他的艱鉅任務，我摩西本人絕不可能如「我的<名字>」那樣偉大。

儘管耶和華神已經向摩西顯現，摩西此刻更明瞭「自己<名字>」所代表的真確意涵，但透過『**我是誰？**』的這一發問，表明摩西意在「否認」自己的<名字>。我雖<名>叫**摩西/ 拉出來**，但我 (自認) 沒有能力將我的百姓「**拉出來**」。

從「誰的眼光」看待自己，才是最真實的自己呢？ 這是一輩子每個人都要去省思的一個人生課題。

六、 耶和華的<名>：亞伯拉罕-以撒-雅各的神

出埃及記第一段妥拉<名字>篇的一個「大哉問」就是:『耶和華神叫什麼<名字>？』

摩西在領受何烈山的異象，接受耶和華神『將以色列百姓「拉出」埃及』的吩咐和使命後，接著，摩西就向耶和華神詢問: 我要如何向百姓來「介紹」祢的「尊姓大<名>」？ [11]

因為，以色列百姓「住在」埃及後，似乎「淡忘」先祖的神，他們隨從埃及人的風俗，拜埃及的神，宗教敬拜的概念已被埃及「同化」。[12]

埃及「神祇的觀念」就是，自然界存在著許多神，每個神都有「自己的<名>」，各司其職，掌管各自的領域。

因此當摩西問道:『耶和華，祢叫什麼 <名字> ？』的時候，或許，摩西期待得到的一個答案是「一個獨特且具體的 <名字>」，但耶和華神的回覆，完全讓摩西出乎意料之外。因為耶和華神並未給出「一個<名字>」，而是說了一個句子，來解釋祂自己的本質。耶和華神對摩西說，出 3:14:

> 『我是自有永有的。/ 我 (將會) 是我所是。/ 我 (將會) 在我所在。』
> 英文翻譯: **I am who I am./ I will be that I will be./ I shall be as I shall be.**
> 希伯來文: (אֶהְיֶה אֲשֶׁר אֶהְיֶה)

可想而知，『**我 (將會) 是我所是 ！** 』這個回答，打破了摩西的邏輯和思維:

---

[11] 出 3:13『摩西對上帝說：「我到以色列人那裏，對他們說：『你們祖宗的上帝打發我到你們這裏來。』他們若問我說：『**祂叫甚麼<名字>？**』我要對他們說甚麼呢？」』

[12] 以西結書 20:7-9『我對他們說，你們各人要拋棄眼所喜愛那可憎之物，不可因 **埃及的偶像** 玷污自己。我是耶和華－你們的上帝。他們卻悖逆我，不肯聽從我，不拋棄他們眼所喜愛那可憎之物，**不離棄埃及的偶像**。「我就說，我要將我的忿怒傾在他們身上，在埃及地向他們成就我怒中所定的。我卻為<我名>的緣故沒有這樣行，免得<我名>在他們所住的列國人眼前被褻瀆；我領他們出埃及地，在這列國人的眼前將自己向他們顯現。」另參《奧秘之鑰-解鎖妥拉: 創世記》No.12 妥拉<住在>篇之第一段「住在埃及-死在埃及」。

首先，不要把我耶和華神，和埃及的諸神「等同並列」，他們一個個都有「自己專屬的<名字>」，及其所司職的角色和工作，例如：太陽神:阿蒙、天空之神:努特、死神:歐西里斯……等等。

我耶和華神的名字，無法僅用「一個 <名字> 」去定義、只用「一個概念」去規範其屬性和疆界，因為我 耶和華神的 <名>，乃 超乎「萬名」之上。我 耶和華的 <名> 乃 無可「名」狀、是萬有，是無限。人無法用世上有限的理性語言，去解釋、去說明上帝的「永恆和無限」。

第二、當耶和華神說『我就是 我所是！ 』時，其所要表明的是：我耶和華神乃是「一切所有」的可能性。我是全地的主，世界的王。我有一切的主權，可以讓任何重大事件在人類歷史和大自然中發生，或不發生。『我就是』要怎麼做，就怎麼做，『我就是』想如何進行，就如何進行。宇宙的發展和脈絡一切都在我掌握之中、我主導之下。『我就是... 』

第三、當耶和華神說 『我在我所在！』時，這裡強調的是我是、我「在」(I am.)，希伯來文(אֶהְיֶה) 是一個「未完成式」，表明我耶和華神「一直都在」、「始終都在」。當以色列百姓痛苦哀求時，我耶和華並沒有「坐視不管」、「袖手旁觀」，神對摩西說:『我在！』(I am !)

出埃及記 2:24-25 用了四個動詞，強烈地表達出耶和華神對於『我在！』的大力宣告：

『上帝「聽見」(וַיִּשְׁמַע) 他們的哀聲，
就「記念」(וַיִּזְכֹּר) 他與亞伯拉罕、以撒、雅各所立的約。
上帝「看顧」(וַיַּרְא) 以色列人，
也「知道」(וַיֵּדַע) 他們的 苦情。』

上面出 2:24-25 的這段經文，其實已經把「神的性格」：祂是一位「以馬內利」(עִמָּנוּ-אֵל) 的上帝表露無遺，「以馬內利」這個字的希伯來文 (עִמָּנוּ-אֵל) 讀音 Immanu-El. 意思正好就是「神-與我們同在」。[13]

---

[13] 這裡也讓我們想到耶穌的出生和「取名」，馬太福音 1:21-23『她將要生一個兒子，你要給他<起名>叫 耶穌，因他要將自己的百姓從罪惡裏 救出來。這一切的事成就是要應驗主藉先知所說的話，說：必有童女懷孕生子；人要稱<祂的名>為以馬內利。(以馬內利 翻出來就是「上帝與我們同在」。)大希律王時期的猶太人，在羅馬暴政的統治下，生活苦不堪言，當時的猶太人已經歷了國破家亡、聖殿被毀、被擄歸回、重修聖殿，然後聖殿又再度被希臘人褻瀆、直到羅馬帝國的統治和占領，即便經歷這一切，耶和華神仍然「沒有遺棄」祂的百姓：以色列民，父神還是差派了祂的獨生愛子耶穌，來到以色列，與祂的子民同在。

不僅『**我在！**』，而且『**我會在我所在**』之處，亦即：我會在「我定意的計畫」中、在我的時間表中、最恰當的時機「在場」、「出手」。法老雖然壓迫、奴役以色列百姓，而且還「加重」百姓的勞役，但我耶和華神，會等到法老「罪惡滿盈」、「壞到極限」，我才會「啟動」十災的反擊。

耶和華神非常重視這個『**我在！**』的概念傳達，所以耶和華在出 3:14 節那裏吩咐摩西，要對百姓說：

『那「**自有的**」（**I am** /אֶהְיֶה）打發我到你們這裏來。』

用白話的翻譯就是：那位宣稱說『**我在！**』的上帝，打發我摩西，到你們以色列百姓這裡來，是要告訴你們，先祖的神耶和華『**會與我們 同在**』，「一起度過」在埃及受奴役、經壓迫的最黑暗時期。

第四、要談到的是：耶和華神的「**存有之名/ The Name of Being.**」（שֵׁם הֲוָיָה）讀音 **Shem Havaya**. 也就是猶太人說的四字字母的 耶和華「**聖名**」（יהוה）**Yud-He-Vav-He**. 中文音譯為「**耶和華**」或「**雅威**」。摩西知道這個耶和華曾經向亞伯拉罕、以撒、雅各啟示過的「聖名」，但這<名>過於抽象，不好對百姓說，所以後來耶和華神要摩西用一個稱號，來向以色列百姓介紹祂自己是誰，這個稱號就是：**亞伯拉罕-以撒-雅各的神** (אֱלֹהֵי אַבְרָהָם יִצְחָק וְיַעֲקֹב)。

事實上，希伯來文的「**耶和華**」（יהוה）這一字，就已清楚顯明此字，作為一個稱呼「超越時間的永恆存在者」的「祂者」<名號>，因為希伯來文的繫詞 / Be 動詞的第三人稱、陽性、單數變化就是：

過去式 **he was**　　（היה）
現在式 **he is**　　　（הווה）
未來式 **he will be** （יהיה）

所以，耶和華 這個希伯來字，乃是「**存在/Be**」動詞的「過去、現在、未來的三合一」的縮寫或合寫，「這名」就是永恆，是無限，祂是初，也是終，祂超越一切，在萬有之上，是「**昔在-今在-永在**」的神。

最後，神說：『**我的名**』會和『**以色列先祖們的名字**』交織在一起，意即，我耶和華的「稱謂」和「名號」是：**亞伯拉罕、以撒、雅各的神**。出 3:15：

『上帝又對摩西說：「你要對以色列人這樣說：

『耶和華－你們祖宗的上帝，就是 亞伯拉罕的上帝，以撒的上帝，雅各的上帝，

打發我到你們這裏來。』

耶和華 是<我的名>(שְׁמִי)，直到永遠；

這也是 我的紀念/記憶(זִכְרִי) [14]，直到萬代。』

耶和華神，是「以色列的聖者」(קְדוֹשׁ יִשְׂרָאֵל)。以賽亞書 43:15：

『因為我是 耶和華－你的上帝，

是 以色列的聖者－你的救主；

我已經使埃及作你的贖價，』

正好就是在<名字>篇這段妥拉經文中，耶和華神「首次啟示」出他的稱謂和 <名號>：『亞伯拉罕、以撒、雅各的神。』而這個 <稱號> 在出埃及記最驚心動魄的第三章中，頻繁地出現，見出 3:6, 15 ,16，這三次都是耶和華神「直接」向摩西說的話。

如果在妥拉 (摩西五經) 的經文中，某些字句「一再-重複出現」，那就表示這是非常、非常、非常重要的真理內容~

耶穌說:『我又告訴你們，從東從西，將有許多人來，

在天國裏與 <亞伯拉罕、以撒、雅各> 一同坐席。』馬太福音 8:11

耶穌又說:『論到「死人復活」，上帝 (耶和華神)

在經上(在出 3:6, 15 ,16) 向你們所說的，你們沒有念過嗎？ 祂說：

『我是 <亞伯拉罕 的上帝，以撒 的上帝，雅各 的上帝>。』

上帝不是死人的上帝，乃是「活人的」上帝。」』馬太福音 22:32

---

[14] 我耶和華神永遠「**紀念/記得**」我與亞伯拉罕-以撒-雅各「所立的約」，並且我 **耶和華** 神的稱謂和<名號>就叫做『亞伯拉罕、以撒、雅各的神。』

七、 奉<祢的名>: 信心與等候

假設，聯合國有附設幼稚園，當小孩子吵架時，可能會聽到的對話如下：

伊凡諾夫說：『你敢欺負我，我就叫我爸發射核彈打你，我爸是普丁！』潔西卡反嗆：『我才不怕你，我爸可以聯合世界的國家來給你經濟制裁，我爸是川普！』我爸是金正恩，你爸是習大大！ 最後小孩的紛爭喬不攏，演變成 父親之間的「名號之戰」。這個，其實就是出埃及記第一段<名字>篇妥拉在講述的事情。

年紀很小的兒童，就已經能意識並體會到父親<名字>背後所代表的「權柄」、及其擁有的「力量」，因為當我打不過對方時，只稍把父親的<名字-名號-頭銜>呼喚出來，就可以帶給我實質的「保護」。

摩西在看見何烈山荊棘「焚而不毀」的異象、領受耶和華神「自有永有/我在」的自我啟示、以及，聽到耶和華神說，準備要用「大能的手」來「懲罰」法老、「整肅」埃及、並且「拯救」以色列百姓之後，摩西興高采烈地將這大有能力的「聖名」帶回埃及，並招聚以色列長老、族長，告訴他們: 我們的爸爸「現身」了，原來我們真正的父親，是創造天地宇宙的那一位，<名>叫: **耶和華**！

於是，以色列百姓也歡欣鼓舞，出 4:31：

> 『百姓 **就信了**。
> 以色列人聽見 **耶和華** 眷顧他們，鑒察他們的困苦，
> 就低頭下拜。』

待摩西「集結」好以色列百姓的民心後，下一步就是和哥哥亞倫，一起去找法老「理論」了：『讓我的百姓走，因為我們的爸爸說話了，我們的父親「名叫」**耶和華**，是 **創造天地、統管萬有** 的那一位！』

摩西、亞倫，包括以色列百姓，都一廂情願地原以為，法老在聽到耶和華神的「**至聖尊名**」後，會肅然起敬、震驚不已。摩西和百姓們「想像」法老的回應應當是：

『啊！ 什麼，原來你們的爸爸是 **耶和華**，是 **創造天地宇宙萬物** 的「全能神」，對不起，我居然在太歲頭上動土，好的，我即刻解除你們苦工重擔，並讓你們離開埃及。』

但事實正好與想像的相反，法老透過一種「自問自答」的方式，不屑一顧地說：

『耶和華是誰，使我聽他的話，容以色列人去呢？
我不認識 耶和華，也不容 以色列人去！』出 5:2

後來的經文敘事發展可以看到，法老的「自問」，日後耶和華神都替法老「**重新作答**」了：你法老「**會認識**」我耶和華神是誰，而且你「**會被迫**」讓以色列百姓離去。

隨後，法老為了要證「名」自身的力量，和其握有對以色列百姓生殺大權的「權柄」，讓摩西和百姓知道，到底「**誰的名**」才是真的『有權柄、有力量』，於是又「二度加重」百姓的勞役，並對這群希伯來人破口大罵，出 5:17：

『你們是 **懶惰的**！你們是 **懶惰的**！
所以才會說：『容我們去祭祀 耶和華。』
現在你們去做工吧！
草是不給你們的，磚卻要如數交納。』

法老蓄意地透過加重「不可理喻」的勞動，要將以色列百姓『置之於死地』，此外，也挑明了一件事實，就是: 我這位以「**太陽神**」<名號>自居的 法老，會跟『這位自稱是 **希伯來人的**<神名>: 耶和華』 對立到底，因為希伯來人是我法老的產業、勞動生產力，我法老「絕對不會」交出去！

就這樣，摩西、以色列的官長及百姓，看到眼前如此急速「加劇惡化」的環境，信心 完全崩潰。

『以色列人的官長聽說「你們每天做磚的工作一點不可減少」，就知道是「**遭遇禍患**」了。以色列的官長們離了法老出來，正遇見摩西、亞倫站在對面，就向他們說：「願耶和華鑒察你們，施行判斷；**因你們** (摩西、亞倫)…使我們在法老和他臣僕面前 **有了臭名，把刀遞在他們手中殺我們。**」』出 5:19-21

於是摩西開始「**懷疑**」出埃及的「拯救行動」任務，並向耶和華抱怨，出 5:22-23：

『主啊，祢為甚麼苦待這百姓呢？**為甚麼打發我去呢？**
自從我去見法老，奉「祢的名」說話，
法老就苦待這百姓，**祢一點也沒有拯救他們。**』

祢「耶和華」至聖的<名號>，權柄 在哪裡？ 威力 在哪裡？ 力量 在哪裡？ 但眼前那位作威作福、心理剛硬的法老，只要一聲令下，就能讓我們生不如死，使我們不得不『尊奉、屈居』於法老太陽神的「威名」之下。

最後，耶和華神不疾不徐地回覆了摩西一句話，這句話也是本段妥拉<**名字**>篇的結尾，給下一段妥拉<**我顯現**>篇留下了一個伏筆，出 6:1：

> 『現在 你將會看見我 (準備) 向法老所要行的事，
> 使他因 我「大能的手(יָד חֲזָקָה)」 容以色列人去，
> 且又因 我「大能的手(יָד חֲזָקָה)」(法老會被迫要) 趕他們 出他的地。』

出 6:1 原來的希伯來經文，兩次出現 耶和華「大能的手(יָד חֲזָקָה)」這樣的詞組，是耶和華神要摩西對 祂的「大能-權柄」能夠堅信到底！

奉「**誰的名**」，生命主權在「**誰的手**」中，以色列百姓此時正處在「**權柄轉移**」的過渡階段，而耶和華神，現在所要考驗的是摩西和以色列百姓的信心，要教他們學習: 不被「眼前」惡劣的環境所打敗。

奉「**祢的名**」，有時需要 信心 與 等候！

問題與討論:

1. 出埃及記第一段妥拉為什麼取<名字>一詞來作為本段經文的「標題」？ 再來，請從這個<名字>標題論述出這段妥拉經文的「重點信息和內容」。

2. 為什麼說<名字>篇這段妥拉的經文內容，歸根結柢其實是: 兩個神的<名字/名號>的戰爭，也就是: 創造天地宇宙萬物的耶和華神，和那位自稱為太陽神的法老，這 **兩個神的<名號>的戰爭**，請解釋。

3. 為什麼兩個希伯來收生婆的<名字>特意被經文記載下來了，而法老的女兒，甚至是位高權重的法老，他們的<名字>卻都不被記念？

4. **摩西 (מֹשֶׁה)** 的<名字> 希伯來文意思是什麼？ 這個<名字>和「**出埃及**」的任務和行動有什麼意義上的關聯？

5. 當耶和華神「重新定義」**摩西 (מֹשֶׁה)** 的<名字>，賦予這個<名字>一個新的、更深一層的「**命定**」: 就是將以色列百姓「**拉出來**」的時候，摩西一開始的反應是什麼？ 在你的生命中是否出現過這樣的「自我懷疑」？

6. 當摩西問道:『耶和華，祢叫什麼 <名字> ？』的時候，耶和華神的回答是什麼？ 再者，耶和華神的回答講述出了關乎「祂自己的屬性」，請問這些屬性的重點為何？ 另外，希伯來文的「**耶和華**」(יהוה) 這一字到底是什麼意思？最後，在<名字>篇這段妥拉中，耶和華神「首次啟示」出祂的稱謂和<名號>，這個<稱號>在出埃及記最驚心動魄的第三章中，頻繁地出現，見出 3:6, 15 ,16，請問這個稱謂和<名號>是什麼？

7. 出 5:22-23 :『主啊，祢為甚麼苦待這百姓呢？**為甚麼打發我去呢**？自從我去見法老，奉「**祢的名**」說話，法老就苦待這百姓，**祢一點也沒有拯救他們**。』摩西為什麼「懷疑」耶和華神出埃及的「拯救行動」任務，並向耶和華抱怨？再者，耶和華神「怎麼回應」摩西的懷疑，並且要摩西學習什麼樣的功課？

出埃及記 No.2 妥拉

<我顯現>篇 （פרשת וארא）

本段妥拉摘要：

出埃及記第二段妥拉，標題為<我顯現>，希伯來文(**וָאֵרָא**)。

在上段妥拉<名字>篇的結尾，摩西看到法老又「加重」以色列百姓的勞役，說『草是不給你們的，磚卻要如數交納。』於是，摩西回來責問耶和華神說:『祢為甚麼苦待這百姓呢？為甚麼打發我去呢？自從我去見法老，奉祢（**耶和華** 神 **大能權柄-無限永恆**）的 名 說話，法老就「苦待」這百姓，祢耶和華神一點也沒有拯救他們。』

然而，耶和華神面對摩西的責問，所給出的一個具體答覆，正好就是出埃及記第二段妥拉的標題<我顯現>。<我顯現>的希伯來文(**וָאֵרָא**)，用更白話的句子來說，就是<**我被看見**> [1]，我耶和華「名號的權柄和能力」，**會被** 全埃及澈底地 看見。

因為這段妥拉的經文，就是作為父親的耶和華神，祂準備要「**出面、在場、現身**」，替自己的兒子: 以色列討公道，也可以說是耶和華神的 **show-time.**，是耶和華要強力展現出祂「**榮耀權柄、大能的手**」的時候，是 十災 開始要一災一災、接續發生的時刻，同時也是自高自大的法老，和整個埃及帝國準備要接受擊打和拆毀的過程。

在這個過程中，耶和華神也透過十災，「**打破-粉碎**」整個埃及政治、經濟、國家的運作體系，藉此來「澈底鬆動」法老和以色列之間牢固的「**主-奴關係**」的枷鎖，目的是要讓以色列百姓從「為奴的心」轉變為「兒子的心」，把自己生命的主權，從法老和埃及的神明偶像中，轉交給父親耶和華。

---

[1] <**我顯現**> (**וָאֵרָא**) 這個動詞在希伯來文原文是 **nifal** 字幹動詞，這個動詞是一個「被動語態」的動詞，是故，在語意上翻譯成<**我被看見**>更貼近於原文。

出埃及記 No.2 妥拉 <我顯現> 篇（פרשת וארא）

經文段落:《出埃及記》6:2 - 9:35
先知書伴讀:《以西結書》28:25 - 29:21
詩篇伴讀: 46 篇
新約伴讀:《羅馬書》9:14-33、《啟示錄》15:1 - 16:20.

一、 耶和華大能的<顯現>

出埃及記第二段妥拉標題<我顯現>。經文段落從出埃及記 6 章 2 節到 9 章 35 節。
<我顯現>這個標題，在出 6:3 節:

> 『**我** 從前向亞伯拉罕、以撒、雅各 **顯現** 為全能的上帝；
> 至於 我名 耶和華，他們未曾知道。』

> וָאֵרָא אֶל-אַבְרָהָם אֶל-יִצְחָק וְאֶל-יַעֲקֹב בְּאֵל שַׁדָּי;
> וּשְׁמִי יְהֹוָה לֹא נוֹדַעְתִּי לָהֶם

這段妥拉的標題: <我顯現>或<我被看見> (**וָאֵרָא**) 就是希伯來經文出 6:3 節的第
一個字，這個字 (**וָאֵרָא**) 這個動詞，就是出埃及記第二段妥拉的標題。

<我顯現>篇這段妥拉的主要內容，顧名思義，就是耶和華神準備要向埃及帝國
及法老，<彰顯出>祂「**大能的手(יָד חֲזָקָה)**」的時刻，因為正是從這段妥拉開始，
十災 將要一災又一災的「逐步展開」。

先回顧上段妥拉<名字>篇的結尾，在出 5:22-23 節，摩西對耶和華神責問說:『我
奉<祢的名>說話，法老就苦待這百姓，祢耶和華神一點也沒有拯救祢的百姓。』
好像<祢的名>是個「空名」，毫無權柄、力量。

然而，耶和華神在出 6:1 回答摩西說:『現在，你將會「**看見**」我向法老所行的
事，使他因我那「**大能的手**」容以色列百姓去』，意即你摩西將會看見、也能切
身感受到我耶和華神<大名>的威力。

以上，就是上段妥拉<名字>篇內容的最後一節，這節經文恰好給本段妥拉<我顯現>篇，留下一個伏筆。

有意思的是，從妥拉的「分段」(從<名字>篇到<我顯現>篇)，和經文脈絡中看得很清楚，就是: 只有當摩西和以色列百姓「承認並確立」自己的<名分-身分>，知道他們不是埃及人; 是 希伯來人，他們信的不是埃及的諸神; 而是以色列先祖的神: 亞伯拉罕-以撒-雅各的神，只有在這樣 (身分認同) 的確認後，(要知道這個認清，是要以性命為代價的) 並且真正相信耶和華是他們的神、他們的主，那麼，耶和華神才會<顯現>祂自己。

因此本段妥拉標題<我顯現>其核心信息就是: 耶和華神一方面向希伯來人<顯現>出，我耶和華神是那位「記念、念舊、守約」的神，我是你們的 父親。二方面，也向全埃及和法老<顯現>出，我耶和華神是與希伯來人站立在一起、與他們同在的神，並且我耶和華神才是全地的王、掌管天地的主。

正當法老認為，以色列百姓就像沒父、沒母的「孤兒」，我法老可以任意地加以利用、操弄，甚至蹂躪、壓迫、無故殺害的時候，作為「父親」的耶和華，肯定會告訴法老:『我乃是以色列的爸爸，以色列是我「兒子」，現在，請你停止打壓。』這就是出 4:22 節所記載的:

『耶和華這樣說: 以色列 是 我的兒子，我的長子。』
כֹּה אָמַר יְהוָה בְּנִי בְכֹרִי יִשְׂרָאֵל

作為「父神」的耶和華，再也看不慣法老的欺壓，無法繼續忍氣吞聲，父神沒法容許自己的「長子」:以色列，如此地「被別人的爸爸」修理，被打的遍體鱗傷、全身傷痕累累。所以，做父親的耶和華必須「出面」、「現身」、要「在場」、要「出來」喬事情。該是到了時候，替兒子扳回顏面，討回公道，讓兒子真知道: 你有一個 疼你、愛你、保護你、護衛你 的父親。

所以，本段妥拉<我顯現>篇，耶和華神即將透過十災，來「強力回應」法老在出 5:2 節中，那段「自問自答」的對話:

「耶和華是誰，使我聽他的話，容以色列人去呢？
我不認識 耶和華，也不容 以色列人去！」

法老的第一個提問『耶和華是誰？』，法老自己回答:『我不認識耶和華。』法老的第二個提問『要我法老聽耶和華神的話，讓以色列百姓離開埃及？』法老又自己回答:『我不會聽命耶和華的話，所以 我絕不容以色列百姓離去。』

法老在<名字>篇當中的「自問自答」，來到<我顯現>篇這段妥拉，耶和華神即將要透過祂「大能的手」的<彰顯>: 十災，來讓法老「重新作答」，法老最終將會承認耶和華是 神，是 希伯來人的上帝 [2]、另外，法老最後也將被迫 要讓以色列百姓離去。[3]

二、 救贖宣言

出埃及記第二段妥拉標題<我顯現>(**וָאֵרָא**) 是一個「被動語態」的動詞，所以應該翻作 <**我被看見**> ，也就是我耶和華神 至聖尊榮<名號> 的「**大能-權柄-榮耀**」<**會被**> 法老、全埃及、和以色列百姓 <**看見**>！

<我顯現>篇這段妥拉起頭的幾節經文內容，可以看做是主帥: 耶和華神，對摩西布達的「**救贖宣言**」、以及準備「發動戰爭」的宣誓，出征的將領有摩西、亞倫，但所領導的士兵，卻是一群軟弱無力、靈性困頓的以色列百姓。

宣誓開始的第一句話，在出 6:2，是由主帥耶和華神義正詞嚴地說出:

『我是耶和華！』

אֲנִי יְהוָה

耶和華神要說的是:『我是那位「**我在**」(**אֶהְיֶה**, I am) 的 神，我會有所「行動和做為」，我名「**耶和華**」(**יהוה**) 乃為「昔在-今在-永在」的神，是「**超越**」所有、是一切「**存在**」的根基、掌管全地的王。』[4]

宣誓的第二句話，耶和華說:『我以前向你們的先祖:亞伯拉罕-以撒-雅各 <**顯現**>為「**全能-神**」(**אֵל שַׁדָּי**) 讀音 El-Sha'ddai.。意思是，先祖們從前「經歷」過作為

---

[2] 在經過第八災、蝗災之後，法老對摩西、亞倫說:『我得罪 耶和華－你們的上帝，又得罪了你們。現在求你，只這一次，饒恕我的罪，求 耶和華－你們的上帝 使我脫離這一次的死亡。』出埃及記 10:16-17。

[3] 在經過第十災、殺長子之災後，法老對摩西、亞倫說:『起來！連你們帶以色列人，**從我民中出去**，依你們所說的，**去事奉耶和華吧**！也依你們所說的，**連羊群牛群帶着走吧**！並要為我祝福。』出埃及記 12:31-32。

[4] 關於 **耶和華** (**יהוה**) 的<名字>及「**我在**」的釋義，另參出埃及記 No.1 妥拉<名字>篇之第六段「耶和華的<名>: 亞伯拉罕-以撒-雅各的神」。

一位「全能神」的我，是如何在他們生存困難，甚至走到「**盡頭、界限**」時，拉拔、搭救過他們。』出 6:3 前半。

「**全能-神**」(אֵל שַׁדַּי)，「**全能**」(שַׁדַּי) 讀音 Sha'ddai. 希伯來文的字根是「**夠了**」(דַי) 讀音 dai. 意為「**到底 - 夠了**」的意思。

耶和華神所要表明的是:『我是那位，給宇宙大地、人類歷史「**設定界限**」、「**規範疆界**」的主，我不會讓自然、歷史自行運轉、以致發展到「**失控**」的地步。當法老無故地迫害、殺戮以色列民，到了「**偏執、瘋狂**」的境界，這時法老的惡就已經「**到底**」，已經「**越過**」我耶和華所能容忍的「**界限**」。所以，我不得不<**顯現**>「**出手、現身**」叫法老住手。』

宣誓的第三句話 (出 6:3 後半)，耶和華又說:『儘管如此，先祖們未曾知道我名「**耶和華**」的真正內涵』，更清楚說，他們未曾「**親身經歷**」這 <名號> 所具有的爆炸性威力。因為我從前只跟他們「**立約**」，這約雖尚未被「**兌現、實現**」出來，他們卻始終相信，直到離世。

但摩西你們這一代不同，你們會知道我除了是「**立約**」的神，也還是一位會「**守約**」、「**履行諾言**」的主。你們會「**親眼看見**」我的 <**顯現**>，透過大能的手，所「**彰顯**」的神蹟奇事，這 <**顯現**> 的程度和規模，將會「**遠遠大過**」於我向先祖們 (亞伯拉罕-以撒-雅各) 的 <**顯現**>。

因為我現在就要透過十災來「**粉碎**」埃及，動手來「**拯救**」你們。你們這一代，是「**偉大**」的一個世代，你們會見到人類歷史上，許多不曾發生過的災難和變異！

在出 6:4-5 這兩節經文中，耶和華神連續兩次提到「**我的約**」(בְּרִיתִי)，我耶和華神與以色列先祖所立的「**永不更改、永不動搖**」的堅固盟約:

『**我建立-堅定 我** 與他們「**所立的約**」(בְּרִיתִי)，
要把迦南地，賜給他們。
我也聽見以色列人被埃及人苦待的哀聲，
然而 **我記念「我的約」**(בְּרִיתִי)。』

正因為耶和華神『**堅定盟約，記念盟約**』，所以才會有『**降十災-打擊埃及-懲罰法老-出埃記**』的「**救贖**」行動發生。如此，我們才能說，神是「**守約-施慈愛**」的神，神是「**以馬內利** (與我們同在的)」上帝。

接下來，耶和華神在出 6:6-8 發表了這次討伐埃及、整肅法老的「**作戰計畫**」，

或稱「救贖宣言」。鑒於和合本中文聖經的翻譯，沒有完全對照到希伯來經文那「精彩又層次鮮明」的結構，這裡，筆者按照原文的架構，用口語白話的方式來釋義。

出 6:6 節開始於一個提醒和宣告，耶和華要摩西對以色列百姓說：

『我是耶和華！』

אֲנִי יְהוָה

然後在出 6:6-8 節的經文中，希伯來原文出現了「**五個動詞**」，清楚又具體地表述出一種「**不斷上升**」的**救贖動態**：

第一、I shall Take (you) out. (וְהוֹצֵאתִי)

按希伯來原文直譯，出 6:6 節第二句話：

『我 (耶和華要) 將你們從埃及 (奴役) 的苦工重擔中「**拉出來**」。』

וְהוֹצֵאתִי אֶתְכֶם מִתַּחַת סִבְלֹת מִצְרַיִם

從靈性的蒙蔽和肉體的壓迫之死亡鎖鏈中「**拉出來**」，你們以色列百姓不會永無止境的勞動，替埃及帝國做工做死。意思是：從現在開始，你們毋須再「加班」，替埃及、法老做「過量」的工作。

第二、I shall Rescue (you). (וְהִצַּלְתִּי)

按希伯來原文直譯，出 6:6 節第三句話：

『我要將你們從 (埃及人) 他們的工作中「**救活**」。』

וְהִצַּלְתִּי אֶתְכֶם מֵעֲבֹדָתָם

在前面的從死亡深淵「**拉出來**」後，現在我要繼續將你們「**救活**」。意即：你們除了毋須加班、做過量勞動之外，從現在開始你們甚至「不用勞動」，不用替埃及人工作，要成為「自由身」。

第三、I shall Redeem (you). (וְגָאַלְתִּי)

按希伯來原文直譯，出 6:6 節第四句話：

『我將用伸出來的膀臂和巨大的審判 (十災、紅海分開) 將你們「**救贖**」出來。』

וְגָאַלְתִּי אֶתְכֶם בִּזְרוֹעַ נְטוּיָה וּבִשְׁפָטִים גְּדֹלִים

脫離重擔、成為自由身 後的第三階段就是: 我耶和華神要把你們「**贖出來**」，以色列百姓準備「離開」埃及。

第四、I shall Take (you to me).　(וְלָקַחְתִּי)

按希伯來原文直譯，出 6:7 節第一、二句話:

> 『我要「**領/取**」你們為我的子民，我要做你們的神。 』
> **וְלָקַחְתִּי** אֶתְכֶם לִי לְעָם, וְהָיִיתִי לָכֶם לֵאלֹהִים

脫離重擔、成為自由身、離開埃及後 的第四階段就來到: 領受「尊貴榮耀」的新身分:成為 **神的兒子** 和 **新婦**，在西奈山下領受婚約證書: 兩塊法板，也就是十誡。

在經過上述的四個耶和華神<**我顯現**>的「救贖行動」之後，出 6:7 節的第三句話就是:

> 『你們會 (完全) 知道。我是耶和華——「你們 (以色列) 」的上帝，
>   是要將你們從埃及人 (加在你們身上的) 重擔 給拉出來。 』

> **וִידַעְתֶּם** כִּי אֲנִי יְהוָה אֱלֹהֵיכֶם
> הַמּוֹצִיא אֶתְכֶם מִתַּחַת סִבְלוֹת מִצְרָיִם

第五、I shall Bring (you).　(וְהֵבֵאתִי)

按希伯來原文直譯，出 6:8 節:

> 『我要「**帶**」你們去到這地，是我拱手要將 (這塊應許) 之地，
>   賜給亞伯拉罕、以撒、雅各的，
>   我要這地賜給你們為產業。 』[5]

> **וְהֵבֵאתִי** אֶתְכֶם אֶל-הָאָרֶץ אֲשֶׁר נָשָׂאתִי אֶת-יָדִי,
> לָתֵת אֹתָהּ לְאַבְרָהָם לְיִצְחָק וּלְיַעֲקֹב;
> וְנָתַתִּי אֹתָהּ לָכֶם מוֹרָשָׁה

到出 6:7 節的經文 ，其實救贖行動「已臻完備」，但 6:8 節卻又再追加了「第五個」行動和任務，就是: 在 1.**脫離重擔**、2.**成為自由身**、3.**離開埃及**、4.在西奈山

---

[5] 關於「**土地**」的應許，在創世記裡面，我們已經看到，耶和華神是如何費心、努力地，一代又一代的，來向以色列的先祖們: **亞伯拉罕-以撒-雅各**，反覆重申土地和後裔的應許。另參《奧秘之鑰-解鎖妥拉:創世記》No.5 妥拉<撒拉生平>篇之第三段「耶和華的應許:土地與後裔」，以及《奧秘之鑰-解鎖妥拉:創世記》No.8 妥拉<打發-放手>篇之第五段「救贖歷史主線的確立」。

拿到身分證 後，最後來到的「第五階段」就是: 可以進去「**得地為業**」！

出 6:8 的結尾處，耶和華神又再一次說道:

『我是耶和華！』

אֲנִי יְהוָה

這就好像是耶和華自己擬好這份「作戰計畫-**救贖宣言**」後，在文件上面自己「**蓋章**」、打上「**官印**」，然後宣布，此公文，從即刻起生效！ 耶和華即將揮師出征，討伐埃及，懲治法老。

三、 十災的結構

<我顯現>篇這段妥拉最主要的內容，就是由 出 7:14 節開始，一連串逐一開展的「十災」經文敘事。

十災的發生與啟動，乃因耶和華神欲回應法老在兩件事上的「強烈否認」與「強硬拒絕」:

第一、耶和華是神。[6]
第二、以色列作為父神耶和華「**兒子-長子**」的身分 (**בְּנִי בְכֹרִי יִשְׂרָאֵל**)。[7]

所以，耶和華神要給法老，上一門非常「實際而具體」的課程，一堂關於「上帝存在論證」的必修課。

猶太人讀十災，發現到十災有一個「精心設計」、「別具匠心」的工整結構。

首先、原則上，十災以一種 災難等級「不斷升高」、傷亡規模「漸次擴大」的型態來開展，由此，耶和華得以向法老「強力證明」<顯現>，誰 才是那真正統管

---

[6] 出 5:2『法老說:「耶和華是誰，使我聽他的話，容以色列人去呢？**我不認識耶和華**，也不容以色列人去！」』

[7] 出 4:22-23『耶和華這樣說: **以色列是我的兒子，我的長子**。我 (耶和華) 對你 (法老) 說過: 容我的兒子 (以色列) 去，好事奉我。**你還是不肯容他去。看哪，我要殺你的長子**。』

宇宙、掌管自然、運作人類歷史的神。

第二、它是以「三個災」為一組，逐步開展的：
第一組: 1.水變血、2.蛙災、3.虱災。
第二組: 4.蠅災、5.畜疫之災、6.瘡災。
第三組: 7.雹災、8.蝗災、9.黑暗之災。

第三、每一組災難都有一個耶和華神要向法老證明的「**命題**」。每個命題，在『**每一組的第一災**』要發生時就已先預告和布達，並且，這命題的「範圍」會隨著法老的心理剛硬而不斷加大、其「等級」也會不斷上升：

命題一: 出現在第一組的第一災、水變血。首要證明的是 耶和華神「**存在**」。『因此，你必知道: **我是耶和華。**』我耶和華神「**是存在的**」，你法老無法置之不理、坐視不管。出 7:17

命題二: 出現在第二組第一災、蠅災。耶和華不僅「存在」，接下來祂還要證明『**我是耶和華**「在天下/全地之中」(בְּקֶרֶב הָאָרֶץ)、(in the midst of the land) 的神』、是會「**關心-介入**」到人類日常生活的神。出 8:22-23

命題三: 出現在第三組的第一災、雹災。前面耶和華神已向法老證明: 1.我存在、2.我還是位「在天下之中」、會「涉入-管事」的上帝。3. 最後一個要證明的命題是: **耶和華神 是「萬神以上」的神**，世上任何一個神明的權柄和能力，都無法與耶和華神相比擬。『叫你知道 **在普天下沒有像我 (耶和華神) 的。**』出 9:14

第四、為了要「對應」到每一組要證明的「命題」，耶和華也施展出「相應的」災難「內容」，來機會教育法老：

命題一: 耶和華神「存在」。 耶和華透過第一組災難中的 第一災「水變血」、第二災「蛙災」來告訴法老:『**我耶和華神才是掌控「生命」的王。**』因為，在埃及代表「生命」的兩位神明: 尼羅河神，和 蛙神海奎特 (Heqet) 這時都發生「災變」，不受法老所控制。

命題二: 我是「在天下之中」、會「關心-介入」到人類日常生活的神。 耶和華透過第二組災難中的第四災「蠅災」和第五災「畜疫之災」，來提點並向法老顯明『**我耶和華必將我的百姓和你的百姓「分別」出來。我也會「分別」以色列的牲畜和埃及的牲畜。**』意思是說，同樣的災難，同是發生在埃及，埃及人和埃及的牲畜定會遭難；但以色列人和以色列的牲畜卻安然無恙。出 8:23、9:4

命題三: 我耶和華是「萬神以上」的神，普天下沒有像我的。這裡，耶和華透過第三組的第七災「雹災」和第八災「蝗災」來向法老<**彰顯-顯現**>自己「巨大的權能」和「無比的威力」，所以經文才會在這兩災 (雹災、蝗災) 中，特意提到『自從埃及開國以來，沒有這樣的冰雹。』、『自從你祖宗和你祖宗的祖宗在世以來，直到今日，沒有這樣的災。』出 9:18、10:6

第五、從每一組災難的「發布地點」來看:每組第一災預警的發布地點都是在「**尼羅河邊**」發出的 (見出 7:15, 8:20, 9:13)。每組第二災預警的發布地點都是在「**法老皇宮**」裡發出的 (見出 8:1, 9:1, 10:1)。

尼羅河，是埃及的生命來源、農業命脈，法老自稱袖是尼羅河的主人。所以當他在每一組的第一災遭受災難打擊時，就會退回到他的帝國皇宮裡坐鎮，繼續待在他的王位上發號施令，頑強抵抗。

尼羅河、法老宮殿都是象徵「法老權柄」的所在地,而耶和華神正好「直搗黃龍」，就挑在這兩處，來警告法老，宣告法老的失敗，正面挑釁意味十足。

第六、耶和華神給法老的訊息 始終如一： **8**

『容我的百姓去，好侍奉我 (耶和華神)。』
שַׁלַּח אֶת־עַמִּי וְיַעַבְדֻנִי

這可以對比到法老的「出爾反爾」、「搖擺不定」。然而，**耶和華神都會在每一組的前兩災「先行警告」**。也就是，耶和華神會在每一組災難中，給法老「兩次機會」，並且都會一在重申**『容我的百姓去，好侍奉我』**這則信息，但是當法老都不接受時，**每一組的第三災 則「不加預警」**，直接降災，予以痛擊。

第七、十災本身的開展，從「發生場域」來看，可以發現到戰場的「地理平面」處在一種「**不斷拉升/升高**」的過程：

第一組災難 (1.水變血、2.蛙災、3.虱災) 都是在「**地上**」發生。
第二組災難 (4.蠅災、5.畜疫之災、6.瘡災) 則上升到「**在空氣**」中。
第三組災難 (7.雹災、8.蝗災、9.黑暗之災) 再提高「**到天空**」。

最後，當法老都不接受這三個「命題」，在經受這「三組災難」後，還心理剛硬，抵死不從，定意對耶和華「違抗到底」，那麼，耶和華只好用 **第十災、殺長子**，來讓「**完結**」這三個命題的「證明/正名」行動，用災難之「集大成」的方式給

---

8 見出 7:16, 8:1, 8:20, 9:1, 9:13, 10:3 這六處經文。

法老一個迎頭痛擊、「一擊斃命」，使法老最後，被迫承認耶和華神<這名>的權柄、能力、榮耀！

另外，值得注意的是，在每一組的災難 (No.1 水變血、No.5 畜疫之災、No.7-8. 雹災-蝗災) 中，經文還都會特意冠名：

『耶和華「希伯來人」的神。』[9]

יְהוָה אֱלֹהֵי הָעִבְרִים

以上，透過了十災的經文敘事，<顯現>出耶和華神的偉大與榮耀，說明了這位「希伯來人」的上帝、「以色列」的聖者、「亞伯拉罕-以撒-雅各」的神: 耶和華乃是獨一真神，祂是活神，是「立約-守約」的上帝，是「信實-慈悲」的天父。

當以色列遭難，每逢遇到民族「滅絕」的緊急狀況時，耶和華神總會「介入到」人類歷史中，「全力搶救」以色列。出埃及記的十災敘事作為「典範式」的文本，其經文信息和主軸重點正在於此。

四、 神的指頭

綜覽整個十災，耶和華神 <威名> 的「力量」加到第三檔 (第三災) 時，埃及的宗教系統就已開始承受不住。

因為經文記載，到了第三災、虱災時，埃及那些行法術的，看到摩西、亞倫將地上塵土都變成虱子，於是他們也想依樣畫葫蘆，用「邪術」生出虱子，但卻是不能。 出埃及記 8:18

顯見，(鬼魔-撒旦) 的邪術、巫術也有一定程度的力量，可以 (有限度的) 來改變自然次序，讓眾人驚異，並產生畏懼。

但這裡，**摩西和亞倫『所代表的權柄和力量』**，則「不屬於」埃及的宗教體制，十災的「神力」是來自耶和華神。這名，和這力，對埃及法老來說，是「外來者」、入侵者，是來自埃及的宗教系統「之外」，不被埃及「官方」所承認的神。

為了「維護」法老太陽神的威名，以及「鞏固」埃及官方宗教系統和體制，法老

---

[9] 見出 7:16, 9:1, 9:13, 10:3 這四處經文。

的「心硬到底」是可以預見的。 因為法老自始至終，都「不願意相信和承認」摩西是『全能神的代言人』，正如經文所說：

> 『我耶和華要使你摩西，在法老面前「代替神」
> （「代表上帝」的身分，來對法老說話)。』出 7:1

以上，法老肯定對此大加駁斥：『我法老，才是神的化身。這個地球上，只有我法老才是神的代言人！.』

因此，從法老的角度來看，他認為摩西和他身邊養的那群術士、博士是「同一個等次」的，就是，你摩西也不過只是個「術士」罷了，也許你「邪術功力」稍高，但我法老終究會等到你「出紕漏、有破綻」的時候。因為法老知道術士們的法力是「有限度的」，如果等到摩西來預告「超自然」等次的災難，例如「黑暗之災」、「殺長子」時，那我法老就等著你摩西「出洋相」，因為這樣的災難是法術「沒有能力」變出來的。但黑暗之災、殺長子「依舊發生」。

而法老的術士們到第三災就已無計可施、束手無策，老狗變不出新把戲。因為行法術的就對法老說：

> 『這是上帝的「手段/指頭」。』出 8:19 [10]
> אֶצְבַּע אֱלֹהִים הִוא

「手段」（אֶצְבַּע）的希伯來文原意思為「一根指頭」（finger）。所以術士們說，原來這是『上帝的指頭』，我們「踢到鐵板」了。兩隻手加在一起共有「十根指頭」，所以一共會有「十災」，好像耶和華的兩隻手，準備要「伏案、強壓」在全埃及上，來鬆動、搖垮、捏爆、粉碎法老以及他所代表的埃及帝國。

或者，術士們說的真正意思是：『喔，這不過是神的「一根指頭」嘛，沒什麼了不起的！ 我們再繼續看看，看摩西還會變出什麼新把戲。』 術士們在「稟報」法老時，也仍然「不承認」耶和華神 的<名>，只說：這是「某個神」的一根指頭，有「不知名的神力」介入，但絕對不會是摩西說的這位「希伯來人的神」耶和華。

耶和華神知道法老的「心硬-到底」在於他抵死「不承認」耶和華神的權柄，所以等耶和華的「十根指頭 / 十災」都伏在全埃及地上時，亦即，在第十災、殺長子之災時，耶和華除了殺長子，還做了一件極重大的事：

---

[10] 希伯來原文為 8:15 節。

『又敗壞 (原文是 審判) 埃及一切所有的諸神。』 出 12:12

וּבְכָל־אֱלֹהֵי מִצְרַיִם אֶעֱשֶׂה שְׁפָטִים

我耶和華神，要讓你埃及的整個宗教系統「澈底崩壞」。我耶和華神，要使你法老的太陽神之名、連同埃及的諸神，這些「掌控並荼毒」以色列百姓的名號和權柄都被「全然塗抹」、「完全拆毀」。

至此，兩個神的 <名字-名號> 的戰爭:耶和華 VS 法老，結局就是 耶和華完勝；法老慘敗。

五、 斷開鎖鍊

耶和華降十災的目的，除了要法老俯首稱臣，讓他被迫承認: 耶和華是全地的主宰，另外，更重要的，乃是關乎以色列百姓的「**靈命和生命**」:

第一、耶和華要 親自「**砍斷**」埃及法老與以色列民之間那根深蒂固的「**主-奴關係**」的枷鎖。

第二、耶和華神要 親自「**根除**」以色列民在埃及的偶像崇拜，以及「**潔淨**」他們在埃及所沾染的異教風俗。

正如以西結書 20:7-9 所記載的：我耶和華神對他們說:『你們各人要拋棄眼所喜愛那可憎之物，不可因「**埃及的偶像**」玷污自己。我是耶和華你們的上帝。他們卻悖逆我，不肯聽從我，不拋棄他們眼所喜愛那可憎之物，**不離棄**「**埃及的偶像**」。我就說，我要將我的忿怒傾在他們身上，在埃及地向他們成就我怒中所定的。我卻為 <我名> 的緣故沒有這樣行，免得 <我名> 在他們所住的列國人眼前被褻瀆；我領他們出埃及地，在這列國人的眼前將自己向他們 <**顯現**> 。』

因為，法老的「**罪大惡極**」，正是透過這兩方面來「**奴役**」以色列百姓，

第一、利用宗教力量 (埃及的偶像) 來操縱、控制並蒙蔽以色列民的「**心靈、靈性**」。

第二、用 苦待、壓迫 的方式來奴役他們的「身體、肉身」，叫他們不停止做工。由此，達到對以色列民的「完全控制」，使他們成為永遠都無法翻身的「死囚」。

為了要成就上述「砍斷」和「根除」的兩點「根除弊病」的施政目標，所以耶和華神乃使出渾身解數，逐步 <開顯-顯現> 出祂的大能大力。透過十災，來「打破-粉碎」整個埃及政治、經濟制度、國家運作體系，「澈底鬆動」法老和以色列之間這個牢固的「主-奴關係」的手銬腳鍊的「綑綁」。

藉由 十災，一災又一災的連續「敲打」、不斷「撞擊」，為的是要「喚醒」以色列百姓那沉睡昏迷、死寂沉沉的靈性，讓他們從「為奴的心」轉變為「兒子的心」，把自己生命的主權，從法老和埃及的神偶中「轉交」給父親耶和華。

十災的整個過程，就是生命主權、權柄「轉移」的過渡，是耶和華要給以色列百姓，做的一項「心靈重建」的巨大工程建設。

只是，在重建-得贖之前，這個埃及的「舊結構」需要「全盤拆毀」！

六、 肉體的眼睛，或屬靈的眼睛？

一般人說『眼見為憑』，但常常「肉眼」看到的，並不一定是真的/真實。出 6:9：

> 『摩西將這話 (救贖宣言) 告訴以色列人，
> 只是他們因 苦工愁煩，不肯聽他的話。』

『苦工愁煩』希伯來原文為: (מִקֹּצֶר רוּחַ וּמֵעֲבֹדָה קָשָׁה)，直譯為:『來自精神、靈性短缺-缺乏，以及 來自困苦艱難的工作。』

以色列民的「不肯聽」，從「眼前」環境而言，是因法老加重勞役；但更根本的核心問題乃是: 他們現在「心眼」被蒙蔽，靈裡困頓，麻木不仁，靈命幾近死亡。他們 肉眼「只看到」眼前這個頑固、心理剛硬、作威作福的法老；而對耶和華神，即將要<開顯-顯現>的救贖行動卻「視而不見」。

確實，每當摩西去找法老懇求他說:『容我的百姓去吧！』這樣的口吻，會讓以色列民認為，能放我們以色列人走的「最終權柄」在於法老，而不是耶和華神。

因為百姓肉眼「看得到」眼前的法老，但心眼卻「尚未看見」那真正有權柄的耶和華神。所以，百姓心裡仍然指望、倚賴法老的權柄。

但耶和華神要透過十災「**逐步破除**」這樣的指望和倚賴。耶和華要以色列百姓開始學習不再以「肉眼」所見的為唯一依據。**因為「眼前」所見的，始終是這位剛硬的、拒絕百姓離去的法老**；但當「靈裡的眼睛」開啟時，以色列百姓就越發地「相信」摩西的帶領，以及耶和華神的「出埃及」拯救計畫。儘管「眼前的處境」仍然困苦窘迫，仍在埃及為奴，尚未過紅海、出埃及，前途路遙遙，但『**只憑信心，不憑眼見！**』

當然，耶和華神透過十災「接力連續」發生，並且以「逐步擴大」災害的強度、力度、廣度 的方式，來讓以色列民真實看見，並「漸次加深」一個清楚具體的印象，就是: 原來我們的父神耶和華，**祂的<名>才是真有能力和權柄，祂才是全地的主宰，不是法老。**

十災的「**漸進式**」勝利 [11]，也與以色列百姓對父神耶和華的信仰「**逐步累積-加強**」同時並進，因為百姓會看到，在耶和華神和法老過招交手的過程中，法老及其臣僕的優勢逐漸失去，氣勢也逐漸變弱。

是的，神常常要我們先打開「屬靈的眼」，用「信心的眼睛」來看，然後，我們的「肉眼」才得見。這正是耶和華神要以色列民在出埃及之前，必須要學會的「信心」功課，所以才讓他們經歷『**法老加重勞役 - 法老的心硬 和 接連發生的十災 - 過紅海 和 遭遇法老追兵 - 出埃及**』這一系列的過程。

反之，當我們「靈裡眼睛」被蒙蔽，就算有「神蹟奇事」發生「在眼前」，我們也仍是「不信」，正如法老，雖「**肉眼明顯看到**」十災 確實是 耶和華神「**大能的作為**」，但他卻依舊 不信、不懼怕神、不敬畏耶和華的名！

---

[11] 這就是為何耶和華神不直接使出「終極手段」:殺長子，以「一災」定奪以色列的救贖，而需要透過「冗長的十災」的過程，其目的就是為了要鍛鍊以色列百姓的信心，學習從「**屬靈的眼睛**」來觀看 神的作為。

七、 「在場」的法老，與「隱蔽」的耶和華

出埃及記第二段妥拉標題雖名為 <我顯現>，但有意思的是，耶和華神的「本體」並未「出現」，這好像在說，和法老這個小角色交手爭鬥，根本毋須我耶和華神的本尊「現身」，只要我「大能的手」輕揮一下、拂袖而去，就能讓你法老吃足苦頭。

但要去信仰一個「看不見」的神，對以色列民來說是困難的，因為他們早已沉淪於埃及的「偶像」崇拜，又受到一個總是「在場」的法老 奴役。對於「權柄-能力來源」的理解，百姓自然認為是來自「一個具體」的人，或一尊尊「具體的」偶像，所以 拜神，就是對「一個具體的人或像」膜拜，也就是，對這位自詡為太陽神的法老，和埃及的諸神下拜。因為法老，及其所轄管的宗教系統「確實握有」對以色列百姓「生殺大權」的權柄。

因此，耶和華神乃先要在埃及，透過 十災，來教導以色列民關於「神的名、能力和權柄」的「嶄新」概念及思維，這同時也是一個預備，為的是要讓以色列百姓開始準備建立一個「獨一神 的 耶和華信仰」。

在整個十災的過程中，百姓慢慢經歷到，雖然耶和華神並未<顯現>他自己的本體，亦即『耶和華神祂 不在現場』，反之，那剛硬的法老卻『總是 在現場』。

於是，百姓逐漸發現到: 原來那位「隱蔽的、看不見的」耶和華神，比這位「眼前、看得見的」法老，威力更強大。這就使得以色列民能越過、跨過那「不斷在現場」的法老，進一步用「信心之眼」去觀看和信靠「那看不見」的 耶和華神。這就是以色列民的一個信仰的「進步」和靈性的「提升」。

透過十災，先有在埃及經歷這一連串的「靈性轉化和心理預備」，等百姓出埃及到西奈山、耶和華神頒布十誡時，百姓自然也就能明白和遵守。

『我是耶和華你的神，曾將你從埃及地為奴之家領出來。除我以外，你不可有別的神。不可為自己雕刻偶像，也不可做甚麼形像彷彿上天、下地，和地底下、水中的百物。不可跪拜那些像，也不可事奉它，因為我耶和華你的神是忌邪的神。』出 20:2-5

以上，就是十誡的第一、二誡，而第二誡的篇幅明顯多過其他條，重點很簡單，就是: 你們以色列人所信仰的這位神，是「隱蔽的」、「看不見」的 耶和華，另

外，切記，千萬不要走回「偶像崇拜」的老路。因為耶和華神知道，人總是需要「看到」一個「具體的物或像」，才有安全感。「**金牛犢**」事件之所以會發生，源由在此。

『自從造天地以來，神的永能和神性是明明可知的，
雖是「**眼不能見**」，
但藉著所造之物就可以曉得，叫人無可推諉。』羅馬書 1:20

『他(摩西) 因著 **信**，就離開埃及，不怕法老王怒；
因為他 (摩西) 恆心忍耐，
如同看見「**那不能看見**」的主-耶和華神。』希伯來書 11:27

問題與討論:

1. 出埃及記第二段妥拉為什麼取<**我顯現/我被看見**> (וָאֵרָא) 這個動詞作為「標題」？ <**我顯現/我被看見**>的這個標題，乃是預告出這段妥拉經文什麼樣的重要信息和內容？

2. 出埃及記 **6:2-8** 節這段經文，可以看做是耶和華神對摩西布達帶領以色列百姓出埃及的「**救贖宣言**」，在這份救贖宣言中，有「五個重要的動詞」清楚又具體地表述出一種「**不斷上升**」的**救贖動態**，請問是哪五個動詞？ 這五個動詞正是表明了以色列「出埃及」五階段的總歷程，請說明這五個救贖動態的具體內容。

3. 十災，其實是耶和華神要給法老上的一門非常「**實際而具體**」的課程，是一堂關於「**上帝存在論證**」的必修課。如果我們去仔細分析十災，會發現到它有一個「**精心設計**」、「**別具匠心**」的工整結構，請論述出這個結構中的幾個重點內容。

4. 出 8:19『這是上帝的「**手段**」。』這個「**手段**」(אֶצְבַּע) 的希伯來原文的意思指的是什麼？

5. 耶和華神 **降十災** 的「**目的**」是為了什麼？

6. 為什麼耶和華神不直接使出「終極手段」:殺長子，以「一災」定奪以色列的救贖，而是需要透過「**冗長的十災**」的過程？

7. 在整個 十災 展開和發生的過程中，百姓慢慢經歷到，雖然耶和華神並未<**顯現**>祂自己的本體，亦即『耶和華神祂 **不在現場**』，反之，那剛硬的法老卻『總是 **在現場**』，於是，百姓逐漸發現到一項真理，這項真理是什麼？

出埃及記 No.3 妥拉
<來到>篇 （**פרשת בא**）

本段妥拉摘要：

出埃及記第三段妥拉，標題<來到>，希伯來文(**בא**)。

在上段妥拉<我顯現>篇，耶和華神透過十災中的七災，強力<顯現>出祂名號的權柄和力量，法老在第七災、雹災發生後也首度承認自己犯罪，並且說：『耶和華是公義的，我和我的百姓都是邪惡的。出 9:27』 然而，最後法老還是心理剛硬，不讓以色列百姓離開埃及。 於是，就來到出埃及記第三段妥拉<來到>篇。

標題<來到>，顧名思義，這段妥拉的經文就是兩個神的名號：法老和耶和華神的戰爭<來到>最終決戰點、準備<來到>一決勝負的時刻，因為耶和華神不想繼續再和法老浪費時間纏鬥下去，耶和華神想要透過十災的後三災，「一舉擊潰」法老，讓埃及帝國崩塌，所以在這段妥拉中的 三個災難，規模和等級都比前面七災要來的大和高。

首先、**蝗災** 就是斷糧、切斷埃及帝國的糧食供應，讓帝國系統告急。第二、**黑暗之災** 就是全國大停電，使埃及帝國系統陷入全面癱瘓和停擺。最後、**殺長子之災**，就是耶和華直接砍掉全埃及的「生產、繁衍的命脈」，讓埃及帝國系統內部嚴重損毀。

另一方面，以色列百姓也<來到>一個抉擇的關鍵時刻：是要跟著摩西「**離開埃及**」呢？ 雖然還不知道前面的路途如何，以及是否有飲食的生活保障，還是要「**繼續留在埃及**」當奴隸替法老做苦工，因為有魚、肉可吃、有水可喝。

以色列即將<來到>生活的「轉換」、靈性的「重生」、身分的「重獲」、時間的「重新設定」、系統「重新安裝」的重要關頭。

出埃及記 No.3 妥拉 <來到> 篇（**פרשת בא**）

經文段落:《出埃及記》10:1 - 13:16
先知書伴讀:《耶利米書》46:13-28
詩篇伴讀: 77 篇
新約伴讀:《路加福音》22:7-30、《哥林多前書》11:20-34.

一、 決斷時刻的<來到>

出埃及記第三段妥拉標題<來到>。經文段落從出埃及記 10 章 1 節到 13 章 16 節。
<來到>這個標題，在出 10:1 節，筆者按原文直譯:

『耶和華對摩西說:「你 來到 法老那裏。
我使他和他臣僕的心剛硬，
為要在他 (法老) 中間顯我 (耶和華神) 的這些神蹟，』

וַיֹּאמֶר יְהוָה אֶל-מֹשֶׁה **בֹּא** אֶל-פַּרְעֹה
כִּי-אֲנִי הִכְבַּדְתִּי אֶת-לִבּוֹ וְאֶת-לֵב עֲבָדָיו
לְמַעַן שִׁתִי אֹתֹתַי אֵלֶּה בְּקִרְבּוֹ

這段妥拉的標題: <來到> (**בֹּא**) 就是希伯來經文出 10:1 節的第五個字，這個字
(**בֹּא**) 就是出埃及記第三段妥拉的標題。

<來到>這個標題乃是要表明: 法老和耶和華神「兩個名號」的戰爭，即將進入尾
聲，戰局就要<來到>決戰的「最終回」:第十災、殺長子。耶和華神不想和法老
繼續纏鬥下去，該是<來到>結案、封存、拍板定案、結束「獨一真神」名號之
戰的「最終決斷時刻」。

另方面，在經過前七災的打擊後，法老雖氣勢漸衰，但依舊『心理剛硬。出 9:35 』
這就是上段妥拉 <我顯現>篇 的結尾。所以本段妥拉，耶和華要降下更重的災
難，迫使法老<來到>耶和華神面前，「正視」耶和華的權柄和能力，並被迫承認
自己的軟弱無能、潰敗和犯罪。其態度也從先前的剛硬，轉為請求饒恕。當最後
一災(殺長子)的痛擊<來到>後，法老再也毫無反擊能力，只能對摩西、和以色列

百姓說，出 12:31-32：

> 『起來！連你們 (摩西、亞倫) 帶以色列人，從我民中出去，
> 依你們所說的，**去事奉耶和華吧！**
> 也依你們所說的，**連羊群牛群帶走吧！**
> 並要為我祝福。』

以色列百姓，在這接二連三的十災當中，除了看到、親身經歷到這戰況猛烈，是前所未見，耶和華神「大能的手」越發強大，祂的<名號>威震四方，百姓也開始感受到這「名號之戰」即將<來到>尾聲。然而，在戰局「結束」的同時，以色列民也準備要<來到>他們 新生活的「開始」、靈性的「重生」、身分的「重獲」、時間的「重新設定」、系統的「重新安裝」。最後，就是全心全意地<來到>耶和華神面前，完全地歸順、信服祂，承認這位神，乃是以色列眾民的父。

因此，本段妥拉標誌的是一個: 從解構破壞<來到>重新建構的過渡和完成階段、是一個「拆毀」舊結構，「重立」新座標、「重新安裝」新軟體的關鍵時刻。

耶和華神為了 救贖 以色列民，遂透過十災，來「粉碎」整個埃及的國家政治、經濟和宗教系統，因為這個由法老所操控的巨大的國家機器，是一個澈底「箝制和奴役」以色列民的邪惡體制，耶和華定意要「大肆破壞」這個體系、嚴厲地整肅和「清算」法老、將以色列百姓從這個牢固的「主-奴關係」給救出來、拉出來，並且完全「砍斷」這個主-奴鎖鏈、也使以色列百姓在埃及長期沾染的偶像崇拜的遺毒給「清理」乾淨。

上述的這一切，為的就是要: 讓百姓身、心、靈「全人」都預備好，<來到>他們的父神: 耶和華面前，專心侍奉祂。

因此，當埃及的舊系統被打碎、刪除後，耶和華神立刻就要給以色列百姓「安裝」一個 新系統，那就是: 一個以「**出埃及事件**」為核心的嶄新體系，由此，確立一個 新起點、新曆法、新座標、新的時間 和 新的身分。

耶和華的第一個節期: **逾越節** 出現、希伯來曆法的第一個月: **正月(亞筆月)** 出現、百姓首度成為一個齊心向上、目標一致的民族共同體: **以色列**，因為他們不再是軟弱無力、一盤散沙的烏合之眾，他們現在被稱為一支有組織、有紀律的軍隊，叫做「**耶和華的軍隊**」(**צִבְאוֹת יְהוָה**) [1]。

最後，當系統「重新安裝」完成後，這個「新成品」: 以色列，就要<來到>準備

---

[1] 出 12:41『**耶和華的軍隊** 都從埃及地出來了。』

「出廠」: 離開埃及的時刻。但出廠前，必須要刻上、印上、蓋上一個「正版品牌」保證的標誌或徽章，那就是: **逾越節**！ 只要在新產品看到有這個「**逾越節**」的標章，那麼，就可以證明這是「耶和華-正版」的。就正如<**來到**>篇這段妥拉最後一節，出 13:16 所說的:

> 『這要在你手上「**作記號**」，在你額上「**作經文**」，
> 因為耶和華用大能的手將我們從埃及領出來。』

因此，每一個百姓都會<**來到**>耶和華神面前，領受這個徽章，並把它貼上，作為一個身上的標記、也是靈裡心中的 烙印，以表明自己是屬耶和華軍隊、是以色列的一員，並相信 **出埃及的救贖**，「**完全是**」透過耶和華神大能的手。出 10:2 :

> 『並要叫你 (以色列人) 將 我 (耶和華神) 向埃及人所做的 (全盤拆毀) 之事，
> 和在他們中間 所行的神蹟，傳於你兒子和你孫子的耳中，
> 好叫你們知道 我是耶和華。』

二、 進去見法老，或 <來到>神面前？

<**來到**>篇這段妥拉的起始經文，出 10:1 記載:

> 『耶和華對摩西說：你「**進去**」見法老。』
> וַיֹּאמֶר יְהוָה אֶל-מֹשֶׁה **בֹּא** אֶל-פַּרְעֹה

「你 **進去** 見法老」 原文為 (**בֹּא** אֶל-פַּרְעֹה)，許多英譯本翻譯為 **Go** to Pharaoh. 然而希伯來文的 (**בֹּא**) 這個動詞意為<**來到**> (**Come** to)，而不是「去」(go to)。因此，這句話聽起來有些不合邏輯。

從語法的邏輯和語意來看，耶和華神對摩西說，「去」找法老，應該要用 (לֵךְ) **go to** 這個動詞，因為耶和華神是以「第一人稱」在對摩西說話，我耶和華神 對你摩西說：「**去到**」法老那邊，所以這代表一種「反」方向的動作行進，意即：你摩西「離開」我耶和華神，「去」到法老「他」(第三人稱) 的面前。若耶和華神要摩西來到祂的面前，耶和華神要對摩西「你」(第二人稱) 說: <**來到**>我面前。

所以，按照合理的句法就是:「**去到**」他 (法老) 那邊，<**來到**>我 (耶和華神)這

邊。當耶和華神對摩西說: 你<來到>法老他 那邊時,這明顯是一種「人稱的錯位」,因為 <來到> 是一種距離和位置上的「彼此靠近」!

那麼,出 10:1 的經文 為何特意選擇 (בֹא) <來到>這個動詞,而不是句法上更合邏輯的 (לֵךְ)「去」?

這乃是因為,「去」這個動作意味著「**離開、遠離**」,但摩西在整個十災過程中,他經常<來到>、總是<來到> 耶和華神面前,尋求等候、聽命順服祂。所以當耶和華神對摩西說 <來到> 法老那邊,其實背後意指的仍是: <來到> 我耶和華神這邊,因為,**你摩西雖然 <來到> 法老面前,但你所真正要看見的是,法老「背後-後面的」那位 真正掌管全地自然的王: 我耶和華神。**

因為我耶和華的榮耀彰顯 「**在全地**」,我耶和華神 「**無所不在**」,不管你摩西 <去到-來到> 哪裡,事實上你始終都是 <來到> 我耶和華這裡。以賽亞書 6:3:

『聖哉!聖哉!聖哉!萬軍之耶和華;
祂的榮耀 充滿在全地!』

קָדוֹשׁ קָדוֹשׁ קָדוֹשׁ יְהוָה צְבָאוֹת
מְלֹא כָל-הָאָרֶץ כְּבוֹדוֹ

就正如出 10:1 後半段所言,摩西雖 <來到> 法老面前,但其實要「看見」的是:『在 **他(法老)** 中間顯 **我(耶和華神)** 的這些神蹟。』因為,全埃及地,包括法老、臣僕、所有的埃及人,都準備要 <來到> 耶和華神的刑場、<來到> 審判台前,遭遇最嚴重的打擊: 殺長子!

三、<來到> 絕境,對抗巨獸: 埃及帝國

神常常會使人<來到>一個異常艱難的環境中,讓這個人真實地去經歷、看到祂的權柄、能力和榮耀,意即: 當神呼召我們<來到>祂面前時,我們首先<來到>的是一個「**不可能**」的絕境中,然後,神就要在這個看似「沒有任何出路」的困境中,來「彰顯」祂自己。這也就是說: <來到> 艱難的當前,其實就是 <來到>神面前。

對全埃及地的百姓，包括以色列民而言，法老的<名號>和權威，本身就是一個大家認可的「事實」，因為他是太陽神之子，他「確實管理、統治」埃及、他也「確實奴役」人口眾多的以色列人。

法老，作為一個神、一個帝國的統治者的「**實際狀態**」是沒有人會懷疑的。法老的<名號>和權威，自始至終都在。

但是，當有一個「默默無名」的通緝犯 (摩西)，回到本國埃及，還跟法老 (大言不慚地) 說：『讓我的族人 (以色列) 同胞回家，離開埃及，請你法老立刻解除他們的勞役，不然，我們族人的神 – **希伯來人的上帝：耶和華**，會降災「懲罰」你法老』。

當摩西對法老說這番話的同時，其實就是當面「直接挑戰」法老的<名號>和權威。若法老答應摩西，容這群尚有利用價值的「廉價勞工」：以色列無條件離開、讓全埃及頓時損失「**龐大的勞動人口**」，這在全埃及人看來，好像是摩西這人說話較有份量，而法老竟然「承認-屈居」**希伯來人的神：耶和華** 的<名號>和權柄，這豈不讓法老顏面盡失、名譽掃地，在全埃及人的面前丟了面子。

再來，幾十萬的勞動人口「突然外移」，對整個埃及帝國將造成不小的震盪，不管是政治、經濟、社會……等層面，埃及人自然也不願以色列人離開，因為那些最底層、粗重的工作是由以色列人做。

因此，法老自是「斷然拒絕」摩西的請求和聲明，法老之所以會「**心硬到底**」，乃因：容以色列百姓離去「有損」法老 的名號和聲譽，這會「大大降低」埃及人對法老其「名號和權威」的信賴度。

所以，當摩西 <來到> 法老面前，他眼前所「面對」的，其實是「整個埃及」的龐大體制和系統，摩西所要對抗的，是整個埃及帝國的國家機器、是一支巨獸！

但摩西形單影隻、一人奮戰，他 (截至目前為止) 所能倚靠、所能夠信仰的，只有耶和華神的「名」。

四、 摩西的信心-「毫無退路」的信心行動

如前文所述，法老的權威和名譽早已是一個被大家認可的「既定事實」，那耶和華神的<名>呢？ 這個<名>的「信譽和信用」如何？

摩西，甚至以色列百姓尚未知道，但在整個十災的過程中，我們看到摩西，以及後來的以色列百姓，他們選擇、決定、願意<來到>耶和華神的面前，倚靠仰賴祂的名，試著去相信耶和華「這<名>的信用」。儘管以色列百姓願意<來到>的過程，並非一蹴可幾，當中仍有許多的觀望和「猶疑不定」，因為在整個十災的經文記述中，「完全沒有提到」以色列民的反應，直到他們過了紅海之後，經文才這樣寫道，出 14:31：

> 『以色列人看見耶和華向埃及人所行的大事，
> 就敬畏耶和華，又信服祂 和祂的僕人摩西。』

因此，要「累積」百姓對摩西、耶和華神的「信賴和信用」，需要透過 十災 這一「漫長」的過程，方能取得。對摩西而言，亦是如此。摩西每一次的<來到>法老面前，其實都是一項「賭博和冒險」，冒著自己的名譽喪失，甚至生命危險。

因為，只要他所預言的任何一災「沒有如期發生」，那麼，摩西將會被法老及他身邊的臣僕和術士嘲笑、貶抑，而摩西也會被全以色列百姓所唾棄，並視為一個瘋子或假先知，也就是: 摩西將會身敗名裂，他會再成為一名逃犯，倉皇逃離埃及，只是這次要通緝他的，就換了成群的以色列民。

所以，摩西經受的身、心壓力是巨大的，他一方面要<來到>剛硬的法老面前、另方面又要<來到>小信或不信的以色列百姓面前。每一次的<來到>，都是 信心「艱鉅的考驗」、都是法老和以色列民對摩西名聲「信用度的試驗和証明」。

耶和華神對摩西說第一災:水變血要發生，摩西就跑去對法老說、對以色列百姓說，果然「如摩西所言的」發生了。但第二災、第三災、第四災 ……是否也會如耶和華所說的，如期發生，摩西尚未知道，摩西也「不知道」耶和華神到底要用「幾個災」 (7災？ 8災？ 10災？) 來擊打埃及。摩西所能做的就是「完全順服」、「完全相信」耶和華神，「澈底信賴」 耶和華神的「名譽和信用」。

因為，這是摩西第一次和這位先祖的神: 耶和華相處和交往，試想，一般人如何能在認識之初，就去「完全相信」一個陌生人的信用？ 除非，你敢放手一搏，並承擔巨大無比的風險。然而，摩西為了以色列民的救贖，他選擇願意<來到>

剛硬的法老前、<來到>耶和華神面前、<來到>以色列民的面前，一人「獨自肩負」承擔這個「生命不可承受之重」的龐大風險。

由此，可以說，**摩西每一次的 <來到>，都是一個抉擇、一個冒險，每一次的 <來到>，都是一個考驗、一個磨練，每一次的 <來到>，都是完全的委身、完全的交託。** 我摩西，願意，將自己的全人全心，交在耶和華神祢的手中，完全順服，走上這條「毫無退路」的救贖大道上，我摩西相信祢耶和華是「言出必行」的神，是「信譽滿滿」，「信用度百分之兩百」的神。我「決定」相信祢，毫無遲疑。

雖然，每一災的「預告」對摩西都是一次「信心的考驗」，但每一災的「成就、如期發生」，也都給摩西再一次「信心的加強和明證」。如此，摩西就這樣，一路信靠耶和華神的名，**信靠**「**到底**」。

然而，這個信靠，背後必須承擔極大的風險、這個信靠，也是 **無法收回、沒有退路** 的。

五、 關鍵時刻，決定一生 - 以色列百姓的<來到>

以色列百姓有沒有像摩西這般「**放手一搏**」、不顧性命的仰賴和信靠神？

他們是否願意跟著摩西<來到>耶和華神的面前，決定「離開」這塊已世居幾代的歌珊地、「離開」這個他們「舊有的、習慣的」生活環境和模式、「丟掉」他們家中的埃及神偶、「放棄」眼前所有的一切。

以色列百姓願意「冒這麼大的風險」，跟著一個素昧平生的先知:摩西，願意相信這個已被「澈底遺忘」、陌生的耶和華神？ 然而這位耶和華神的「信用」何在？ 跟著摩西，信靠這位神，我們將來會有飯吃、有水喝嗎？三餐得以溫飽嗎？ 我們離開埃及後，還能生活嗎？ 離開埃及後，要去哪裡？ 前面的道路將會如何？

我想，對大部分的以色列百姓而言，前途是一片「未知」！

以色列百姓的 困惑、猶疑不定 是可想而知的，然而，現在就要 <來到> 一個「**決斷、選擇**」的重要時刻:是要繼續「**留在**」埃及，過著「奴隸」的生活，但

每天尚有三餐飯菜可供溫飽；還是下定決定心「**離開**」埃及，雖然未來的道路還不知去處，也還未看見任何 (吃、住) 的生活保障。

耶和華神要求以色列百姓「做出」一個「**毫無模稜兩可**」的行動來表態，因為，以色列民很快就會看到，過去幾代，他們 (祖) 父母們所根據的這套既有的「埃及的生活模式和體系」將要 **澈底崩塌、完全陷落！**

因為 耶和華已經準備要「完全移除」這個奴役、宰制的 (埃及) 舊系統，要將以色列民，從埃及的地土上「**連根拔起**」，然後，給以色列百姓「重新安裝」一個新系統: 逾越節。

六、 舊系統「崩塌」三部曲

埃及帝國，在上一段妥拉<我顯現>篇 中，已經遭受前七災的襲擊後，其實已給法老和全埃及造成動盪，接下來，耶和華神要用最後 (規模更巨大的) 三災，給埃及一個「致命的打擊」，促使整個埃及的國家機器和系統 <**來到**> 全面瓦解之勢，在這個系統「崩塌瓦解」的過程中，也會看到法老的「逐步妥協」，到最後，只能被迫容以色列百姓離開埃及。

1. 系統告急: 第八災、蝗災 (**מכת ארבה**)，在出 10:15 記載：

> 『因為**這蝗蟲遮滿地面，甚至地都黑暗了，**
> 又 吃地上一切的菜蔬和冰雹所剩樹上的果子。
> 埃及遍地，無論是樹木，是田間的菜蔬，
> **連一點青的也沒有留下。**』

耶和華神首先採取「**斷糧**」的方式，讓全埃及 <來到> 一個「系統告急」的危機，目的是要讓法老看到，現在全埃及進入一個「**糧食生產嚴重不足**」的窘境，埃及人將因「**無糧可吃**」而營養不良，從而大大削弱埃及人的「生產效能」，進而影響整個埃及的國家運作機制，這台埃及國家機器的「運作速度」正在「大幅降低」，運轉「效率變慢」，帝國系統引擎的燃料「快見底」，準備進入一個系統「停止運轉」的階段。

法老知道「蝗災」的嚴重性，所以在摩西「預告」時，法老「**首次妥協**」了，但中間還討價還價一番。

法老一開始說: 你們的 **婦人、孩子** 都可以離開，但後來又改口定調說，只能讓 **男人** 離開，這就是出 10:11 所記：

> 『不可都去！
> **你們這 壯年人** 去事奉耶和華吧，
> 因為這是你們所求的。』

但法老這般的妥協尚未達到摩西的要求，所以，接下來，蝗災 <來到> 埃及地。『於是法老急忙召了摩西、亞倫來，說：「我 得罪 耶和華 你們的上帝，又 得罪 了你們。現在求你，只這一次，饒恕我的罪，求 耶和華 你們的上帝 使我脫離這一次的 死亡。』出 10:16~17

正是第八災的 <來到>，法老才首次 <來到> 一個「承認」的心態和位置：「承認」你們以色列百姓先祖的神: 耶和華「這個名號」，祂是一位神、一位大能的上帝。這正呼應本段妥拉起首處: 出 10:2 所 說的：

『並要叫你將我向埃及人所做的事，和在他們中間所行的 **神蹟**，傳於你兒子和你孫子的耳中，**好叫 你們知道 我是耶和華。**』經文中的你們，自然包括法老、法老的臣僕、以及全埃及的百姓。

其實，法老身邊的博士和術士早已知道這是「神的作為」，因為在第三災、虱災發生之時，『行法術的就對法老說：「**這是上帝的手段/指頭。**」』另方面，法老身邊的臣僕也已開始意識到，**法老帶領全埃及帝國系統「去對抗」的那位: 耶和華神，事實上，比法老要強大的多。**這個耶和華系統，比埃及帝國的宗教系統，更具有威力和能量！

因此，<來到> 第八災、蝗災時，『法老的臣僕對法老說：「這人 (摩西) 為我們

的「網羅」(מוֹקֵשׁ) 要到幾時呢？容這些人去事奉耶和華他們的上帝吧！埃及已經敗壞、失喪、淪陷、**滅亡 (אָבְדָה)** 了，你 (法老) 還不知道嗎？」』出 10:7

有意思的是，在現代希伯來文中，「**網羅**」(מוֹקֵשׁ) 一字除了有圈套、陷阱，還有「**地雷**」的意思。

用更白話的句子來說就是：這些以色列百姓，作為全埃及境內、廣布埋藏在土裡的「地雷」，經常爆炸、傷害埃及人，要到何時呢？ 請求法老您，趕快清除全埃及境內的「地雷」吧，再這樣下去，全埃及地都會「被炸的」體無完膚，最後徒剩「焦土」一塊！

最後，根據一些學者研究指出，其實耶和華神所降下的十災，每一災都有一個對應的埃及神祇，也就是耶和華所要擊打的埃及偶像，**第八災: 蝗災** 所對應、耶和華神所要擊打的埃及偶像，就是: **土地-農業之神: 賽特 (Set)**

2. 系統停擺: 第九災、黑暗之災 (מכת חושך)。

接續上一篇短文，前面的第八災、蝗災，已經給埃及造成全國性的「系統告急」，現在，耶和華神要更進一步來個 全國「**大停電**」:黑暗之災，使埃及全國的系統和運作「**全面停擺**」，埃及陷入「**全面癱瘓**」、系統「**無法正常運作**」、「**動彈不得**」的危機。正如出 10:23 所說:

> 『三天之久，人不能相見，
> 誰也「**不敢起來**」離開本處。』

「埃及遍地」就「烏黑了」三天。惟有「以色列人」家中都有「亮光」。這同時也讓以色列百姓親自看到，**在埃及的「黑暗」有多麼的大，必須要離開埃及**。

法老看到自己所統治的埃及帝國，陷入前所未有、史無前例的「系統停擺」，他只能再對摩西給出「**進一步的妥協**」，因為耶和華神定意要「逼迫」法老，一步步地 <**來到**> 耶和華神面前，「承認」祂<名>的權柄和能力。所以，出 10:24 記載到:

> 『法老就召摩西來，說:「你們去事奉耶和華；
> 只是你們的 羊群、牛群「**要留下**」；
> 你們的 **婦人、孩子** 可以和你們同去。」』

前面第八災、蝗災的「首次妥協」是只讓「以色列男人」離去。這次的第九災、黑暗之災，則是讓法老 <來到>「二度妥協」:不僅以色列男人可以離開，連同 婦女、孩子 也可以一併帶走。

然而，法老這次的「二度妥協」仍然沒有達到摩西的要求，意即: 法老仍然沒有「完全承認」耶和華神的名號和權柄，還沒有達到「完全的讓步」。

因為法老還「**蓄意扣留**」以色列百姓準備要向耶和華神獻祭的牲畜，正如出 10:25-26 所記載:

『摩西說:
「你法老總要把「**祭物 和 燔祭牲**」交給我們以色列百姓，
使我們可以祭祀耶和華－我們的上帝。
我們的「**牲畜**」也要帶去，**連一蹄也不留下**;
因為我們要從其中取出來，事奉「耶和華－我們的上帝」。』

摩西的話說得很清楚，我們以色列人是要祭祀『**耶和華－我們以色列的上帝**』，不是你這個「統管埃及的太陽神」之子的法老;我們以色列民的使命，是要事奉『**耶和華－我們以色列的上帝**』，不是你這個「奴役-迫害-殺戮」我們的世界的王:法老！

所以，在法老仍然沒有 <來到> 完全讓步，容許以色列人可以帶走他們的牲畜的情況下，耶和華神只好再祭出「最終解決」辦法: 第十災、殺長子，好讓以色列百姓的所有男子，帶著婦女、孩童，連同所有的牲畜「**一併-全數**」離開埃及為奴之地。

最後，如前文所述，根據一些學者研究指出，耶和華神所降下的十災，每一災都有一個對應的埃及神祇，也就是耶和華所要擊打的埃及偶像，而第九災:「**黑暗**」之災 所對應、耶和華神所針對要擊打的埃及偶像，就是: 「**太陽**」神: 拉 (**Ra**)

3. 系統耗損: 第十災、殺長子 (מכת בכורות)。

這一災，與前九災不同。前九災，以色列百姓可以像個「旁觀者」，不須做任何事情和準備，只要看著災難接二連三地發生即可，但是到了第十災、殺長子，以

色列百姓就需要為此來做些「準備事項」，他們也必須「實際參與」第十災，因為，這會關係到他們「是否」出得了埃及。

以色列百姓必須要找一隻無殘疾的羊羔，在正月/尼散月 14 日當晚宰了這隻羊羔，並且把「羔羊的血」塗在門楣上。

再來，和前九災不同的是，殺長子之災乃由 耶和華「親手執行」，因為法老與耶和華「兩個名號」的戰爭，歸根結柢，是由耶和華神「開啟」，所以戰局的「結束」，也要由耶和華神「親自拍板定案」、「親自結案封存」。意思是說：我耶和華神，不想繼續和你法老玩下去，我想「結束」戰局、所以要給你來個「一次性地痛擊」，讓你法老倒地不起。這就是出 11:4-5 摩西先給法老的警告：

『約到半夜，**我** (耶和華) **必出去巡行埃及遍地**。
凡在埃及地，從 **坐寶座的法老**
直到磨子後的婢女所有的長子，以及一切頭生的牲畜，
都必死。』

然後，耶和華「言出必行」。出 12:29 提到：

『到了半夜，**耶和華 把埃及地 所有的長子**，
就是從 **坐寶座的法老**，直到被擄囚在監裏之人的長子，以及一切頭生的牲畜，
盡都殺了。』

耶和華殺全埃及的長子，目的是就要「直接拆毀、破壞」埃及系統的「核心」，直搗黃龍。殺「長子」，就是「直接砍掉」全埃及的「主要生產力」，讓埃及的生產基礎大大削弱，從而使整個埃及帝國「**系統 嚴重損毀**」，**無子嗣傳承文化及產業**，並就此一蹶不振。這正所謂「一報還一報」，當初法老是如何「剪除」以色列百姓: 將所有希伯來男嬰丟到河裡淹死，現在是耶和華神「除滅」全埃及的長子。

此外，也只有在第十災中，經文 (出 12:12) 才特別提到：

『**我要 敗壞** (原文為 **施行審判**) 埃及一切所有的諸神。』
וּבְכָל־אֱלֹהֵי מִצְרַיִם אֶעֱשֶׂה שְׁפָטִים

亦即: 埃及帝國的系統核心: 除了埃及的「肉身物質」的「生產力」被除滅，就連埃及的「精神靈性的能源供給」也被破壞，**埃及宗教系統「失靈」**。出 12:12 節的經文結尾，耶和華神再次署名：「**我是耶和華！！！**」

直到第十災，摩西，和以色列民也才清楚知道，總算 <來到> 最後一災。因為

『耶和華對摩西說：
「我再使 一災 (殺長子) 臨到法老和埃及，
然後他必容你們 離開這地。
他容你們去的時候，總要 催逼你們 都從這地出去。』出 11:1

至此，整個局勢也就 <來到> 一個「全民總動員」的「終極關鍵時刻」。

以色列百姓「匆忙」的整理行囊、急迫地打包家當、還要盡速「大肆蒐集」埃及人的財貨 (金器、銀器、衣物、牲畜)，這乃是耶和華神給摩西發號的指令，『要傳於百姓的耳中，叫他們男女各人向鄰舍要金器、銀器。耶和華叫百姓在埃及人眼前蒙恩，並且摩西在埃及地、法老臣僕，和百姓的眼中看為極大。出 11:2-3』

以色列百姓「在埃及人眼前蒙恩」，是因埃及人認為以色列民是「地雷」，只要以色列人生活在埃及的一天，埃及人就會「常常被炸死」，埃及人沒好日子過，經由十災，埃及人已見識、經歷到這個道理，因為全埃及已經沒有本錢可以繼續「耗損」下去，埃及帝國就要崩塌陷落，甚至衰亡。因此，埃及人希望以色列百姓「走得越遠越好」，**埃及人為了要讓以色列百姓「出埃及」，什麼都願意給，只要你們以色列人願意離開埃及。**

而『**摩西在埃及地、法老臣僕，和百姓的眼中看為極大**』乃是說明了：摩西的名聲和信譽達到「聲譽卓越」的最高境界，因為 **摩西「每次預言」的那些「重大災難」，都「如期發生」**。因此，就連埃及人也要相信摩西是位「真先知」。

全埃及，經歷-見證了 **大帝國的系統「崩落、瓦解」**。

摩西看到他生活 40 年的「家」變得如此殘破不堪，以色列百姓看到他們累居數代的土地和生活環境「面目全非」，大家都見證、親眼目睹了這一刻: **埃及帝國的陷落、舊體制的垮台。**

然而，**結束就是開始，解構就是建構，破壞就是再生。**

耶和華神為了要將「深深淪陷」於埃及 (偶像崇拜、異邦風俗、奴役勞動) 的以色列民「整個拉出來」，就必須要將這個帝國的「牢不可破」的系統、「根深蒂固」的結構『**全部打碎、澈底拆毀**』，然後，才能給以色列百姓「重新安裝」一個新系統。

因此，十災的後三個規模「更巨大」的災的 <來到> ，目的正在此。對以色列民說，這個 <來到> 其實就是「完全破碎」，就是「全盤翻新」，就是「澈底重生」。

最後，如前文已述，根據一些學者研究指出，耶和華神所降下的十災，每一災都有一個對應的埃及神祇，也就是耶和華所要擊打的埃及偶像，而第十災: 殺長子之災 所對應、耶和華神所要擊打的埃及偶像，就是: 背後統管埃及諸神的 法老 － 這位 太陽神「在世肉身」的「顯現本體」。

七、 系統「重新安裝」

以色列百姓的系統「重新安裝」發生在第十災、殺長子 之前。這個「順序」極為重要。

因為以色列百姓現在 <來到> 一個 決斷點: 是選擇要「留在埃及」、抑或「離開埃及」。由此，耶和華神要求百姓提供一個「信仰的決定」、一個 記號，以茲明證，那就是:羔羊的血。

羊，也是埃及人信仰的神祇之一，羊神「庫努牡」(Khnum) 是造物之神，埃及人相信他以黏土創造人類、各種動物、甚至連埃及其他的神祇也是由這位羊神「庫努牡」捏塑出來的。因此，以色列民「宰羊」的行動，被埃及人視為「殺神」的舉措，這是一個褻瀆、挑釁的行為，肯定會遭致法老和全埃及人的報復。

但耶和華神要以色列民透過「宰羊-殺神」來放膽宣告: 今日，我們以色列百姓再也「不屈從」於埃及的這一套龐大的宗教體系，我們要完全屏棄、澈底轉向，<來到> 耶和華神面前，儘管這必須冒著生命危險。

因此，這樣的 <來到>，就是一個「自我了斷」，以色列民和 舊生活、舊系統、舊體制: 埃及，來一個「澈底的了斷」。

從經文的鋪陳「順序和邏輯」來看，就很清楚:

1. **出埃及記 11 章:** 摩西「先預告」最後一災: 第十災、殺長子，以色列民都聽到。

2. **出埃及記 12 章前半段:** 以色列百姓知道會有最後一災:殺長子之災的消息以後，耶和華神還要「先確認-先看到」以色列百姓的「**信仰告白**」，所以先把「**新系統**」: **正月、逾越節、羔羊的血、無酵餅、苦菜** 等條例公告出來，並且還要百姓「**澈底遵守**」，亦即: 要所有的以色列民必須把這個 **新系統**「**完全安裝**」到每個人的身、心、靈中。從經文來看，百姓確實都完成 **系統**「**重新安裝**」的步驟，也準備就緒、整隊完畢。出 12:27-28『於是百姓低頭下拜。**耶和華怎樣吩咐摩西、亞倫，以色列人就怎樣行。**』

3. **出埃及記 12 章後半段:** 如上所述， 待以色列民做出「宰羊-殺神」的信仰告白，新系統 (逾越節) 也「安裝完畢」後，耶和華神「才啟動」最後一擊的殺長子之災，而以色列民也正是 <來到> 他們啟程動身「**離開**」埃及、法老也<來到>他「澈底投降」的時候。這就是出埃及記 12:29 節以降所描述的內容。此時的以色列民，已不是一盤散沙的烏合之眾，因為出 12:41 說到『**耶和華的軍隊** 都從埃及地出來了。』

在第十災: 殺長子發生前，以色列百姓都已經按照耶和華神的指示，完成了 **系統「重新安裝」、部隊「整理完畢」**的就緒階段。

因為，耶和華神知道，在啟程離開埃及前，**若「沒有預先」將 新系統 (逾越節) 安裝到以色列民身上**，那麼他們將會無法承受過紅海，以及日後曠野生活的種種挑戰和試驗。所以，第十災發生前，耶和華神就定意要把以色列的 **系統「重新安裝」完成**，然後，啟程離開埃及的那一天，就是「**新系統」開始運作** 的嶄新時刻，同時，耶和華神也要「**測試**」這個新安裝的系統，看看這個硬體 (以色列民) 能否運作得當。

而這個「**系統測試**」乃就是四十年的時間，以色列百姓在曠野的考驗和磨練。

八、 新系統:「逾越節」條例

如前文所述,埃及的「舊系統」崩塌瓦解後,應運而生的是耶和華神設計的「新體系」,這個新系統是以「逾越節-出埃及 事件」為核心,來給以色列百姓重灌系統、重設「新座標」、重訂「新時間」、重獲「新生命」、重得「新身分」、重新認識「新權柄」。

以色列百姓<來到>一個靈命的分界,準備要「跨越、逾越」這個分水嶺,來到一個「嶄新」境界。這個「新系統」底下分成: 逾越節、正月、無酵餅、苦菜 四點扼要說明:

1. 逾越節: 希伯來文為 (פֶּסַח) 和動詞「逾越」(פָּסַח) 同一字根。出 12:27:

> 『當以色列人在埃及的時候,祂 (耶和華) 擊殺埃及人,
> 「越過」(פָּסַח) 以色列人的房屋,救了我們各家。』

因此,**逾越節** 首要紀念的是: 耶和華神的「救恩」,祂那大能的手所施展的「救贖」之工,祂「特意存留」這群奴隸,並非因為這群百姓有多討人喜歡,而是因為耶和華神與他們的先祖「立約」,而現在祂要「守約」。

出 12:42 這節經文說的很感人,經文說到以色列百姓離開埃及的「那夜」『是耶和華神「守夜、保守」的一個夜晚 (לֵיל שִׁמֻּרִים)。』這夜,是專為以色列百姓設立的,為要讓他們蒙受耶和華神的細心保護: 毫無攔阻地 出埃及。

「逾越」也象徵著,百姓即將「跨越」舊世界,來到新領地。這個「越過」本來中間有一道「極深、極廣」的鴻溝 (法老、埃及),是「無法」跨越、「不可能」越過的,但因著耶和華神的權柄、榮耀和救贖之恩,以色列百姓才得橫渡,而這個「逾越」絕不容延遲 或絲毫的猶豫,必須「下定決心、快速越過」,否則仍會被舊體系抓住、吞噬,繼續向下沉淪。

因此,出 12:11 說:『你們吃羊羔當 腰間束帶,腳上穿鞋,手中拿杖,趕緊地吃;逾越節「是為著」耶和華神的 (פֶּסַח הוּא לַיהוָה)。』這裡清楚的表明: 離開埃及的這一日,必須動作「迅速」,因為這一天是 朝向、<來到> 耶和華神 (所設定的目標) 面前,大家都要『向著標竿 直跑-奔跑。』

2. 正月: 希伯來文為 (רֹאשׁ חֳדָשִׁים)，意為「諸月之首」，也就是「第一個月」。

在出 12:2 節，按原文直譯，耶和華說:

> 『這個月 對你們而言 乃是 諸月之首，
> 它對你們而言是 一年(所有)月份之 首。。』

> הַחֹדֶשׁ הַזֶּה לָכֶם רֹאשׁ חֳדָשִׁים:
> רִאשׁוֹן הוּא לָכֶם לְחָדְשֵׁי הַשָּׁנָה

耶和華神告訴以色列民，這個月，是你們「見證」埃及舊體系崩塌、「離開」舊世界、「脫去」老我的月份，它標誌著以色列百姓靈命「**重生**」、「**更新**」的光榮時刻，所以，它就是你們「**出生**」的月份。

以色列，現在是作為耶和華神的軍隊，以一個團結一致、齊心向上的「民族」姿態出現。所以，現在已經「丟棄」老舊的埃及曆法和時間，要使用一個新的曆法。因此，**數算時間** 的「**根據、原點 和 中心**」就要從「**出埃及**」事件的時間點算起，因為這個月是: **老我被破碎、耶和華施展救贖、我得重生** 的「誕辰」紀念日 ，每年都必須要「紀念」這個「生日」: 逾越節。

論到 正月，看看聖經的記載，會知道在「正月」還發生了另外兩項重大事件:

第一、正月，是 **洪水完全退去** 的月份，代表 春天 到了，一元復始，萬象更新。創 8:13 說到:『到挪亞六百零一歲，**正月** 初一日，**地上的水都乾了**。挪亞撤去方舟的蓋觀看，便見地面上乾了。

第二、**正月**，是會幕在出埃及後的第二年，在曠野被立起來，**耶和華神開始居住在其中、與百姓同在的月份**。出 40:1-2, 17:『耶和華曉諭摩西說: 正月 (亞筆月) 初一日，**你要立起帳幕**，……第二年正月 初一日，**帳幕就立起來。**』

<來到> 正月，就如同過新年，要「**除舊佈新**」，逾越節所謂的「**除酵**」在現今的以色列其實就是「大掃除」，家家戶戶為了要「徹底清除」酵，全家動員做清掃整潔的工作，就像: 挪亞時期的大洪水，耶和華神用大水「**強力洗淨**」汙穢的大地。

正月，是一個 **生命更新**，脫胎換骨的季節，脫去老我，穿上新人的衣服，正如出埃及，從為奴之地，走向真理和自由的境界。正月，是 **生命被提升**，預備進入到一個「**更高層次**」的神聖領域的時間。是一個將自己預備好，**得與神親密交流、面對面的美好時光**。就像 會幕被立起，以色列百姓歡迎 **耶和華神與他們同**

在，祂居住在其中 的時刻。

最後，正月，在希伯來聖經中的另一名稱為「亞筆」月(אָבִיב) [2]，讀音 Aviv，學過希伯來文的人知道，這個字就是「春天」之意。春季，代表一個季節循環的開始，所以華人也有句話說:『一元復始，萬象更新。』

3. 無酵餅: 希伯來文為 (מצות)。出 12:17 :

『你們 要守 (這個專為「逾越節」特製的)「無酵餅」(מצות)，
因為我正當這日 把你們的軍隊 從埃及地領出來。
所以，你們要守這日，作為世世代代永遠的定例。』

有意思的是，在希伯來文中:

「無酵餅」(מצות)、
「誡命」 (מצות)

這兩字的「字母拼寫」完全相同。

因此，這裡的「明喻」再清楚不過: 吃「無酵餅」就是吃「誡命」，「把守住」這個特製的餅，千萬別讓它「發酵」，要讓它成為「無酵餅」。這指的就是: 要使以色列百姓專心一致、全神貫注地「守住」神的 誡命 (מצות)/ 無酵餅 (מצות)。

筆者在以色列的 Kibbutz (קיבוץ) 做志工時，曾經問過當地的朋友，為什麼你們的先祖，當時要吃 無酵餅，我的猶太朋友這樣回答:『因為他們「趕著」要離開埃及，刻不容緩，必須「迅速」離開，所以就把才剛放進灶裡的餅，還「等不及」讓它發酵，就立刻拿出來，裝進行囊，帶了就走，所以先祖們在逃離的路途上，就只能吃這個沒有發酵的餅。』

這個回答，和出 12:39 節的經文相互吻合:

『他們用埃及帶出來的生麵，烤成無酵餅。
這生麵 原沒有發起;
因為他們「被催逼」離開埃及，
不能耽延/猶豫不決 (וְלֹא יָכְלוּ לְהִתְמַהְמֵהַּ)，
也沒有為自己預備甚麼食物。』

---

[2] 出 13:4『亞筆月 (חֹדֶשׁ הָאָבִיב) 間的這日 是你們 出來的日子。』

所謂的「酵」(חָמֵץ) 就是「不好的」心思,「不合乎神」的意念。所以『不使其發酵』指的就是: 不要讓那個使你「遲疑不決、躊躇不前」,想要繼續留在埃及為奴的意念「發酵」,一旦它「發酵」了,你們以色列百姓就離不開埃及,就此與上帝的救恩隔絕。

來到新約,耶穌在最後的晚餐,就是所謂的「逾越節」晚餐,也指著「無酵餅」,來預表自己即將「被破碎」的身體,會成為世人得救、得生命的靈糧。

正如馬太福音 26:26 記載:『他們喫的時候,耶穌拿起餅來,祝福,就「擘開」,遞給門徒說: 你們拿著喫,這是我的身體。』

無酵餅上面,那有些微烤焦的黑痕,和一個又一個的小洞,形狀看起來就像是耶穌被鞭打的一條條傷痕,以及那被釘子,釘在十字架上的釘痕。

馬太福音 5:19 耶穌說:
『所以,無論何人廢掉這 (耶和華神的) 誡命(מִצְוֹת) 中最小的一條,又教訓人這樣做,他在天國要稱為最小的。但無論何人遵行這 (耶和華神的) 誡命(מִצְוֹת),又教訓人遵行,他在天國要稱為大的。』

4. 苦菜: 希伯來文為 (מְרֹרִים)。出 12:8 :

> 『當夜要吃羊羔的肉;用火烤了,
> 與無酵餅和 苦菜(מְרֹרִים) 同吃。』

希伯來文中「苦菜」(מְרֹרִים) 與「苦」(מָרָה) 兩字為同一字根。所以 吃苦菜,為的是要讓以色列民永遠記得,在出埃及以前,他們曾在埃及受法老「奴役苦待」、那永無止境的 勞動苦痛。

吃苦菜 是要牢記: 我們「絕不回去」舊系統: 埃及,因為我們已經<來到>耶和華神面前,領受一個新生命、重新安裝新系統。有意思的是 苦(מָרָה) 這個希伯來字,當動詞還有另一個意思,就是: 反叛 (rebell)。

因為當一個人被逼到絕境時,就會狗急跳牆,正所謂「物極必反」,因此,吃苦菜 也是要以色列民記住,他們昔日在埃及奴役的生活「苦到極致」,所以跟著摩西, 一起「對抗、反叛」這個邪惡的法老、巨大的埃及帝國,而且,最後竟然

能「以小搏大、以寡擊眾」，贏得 反叛 的「奇蹟 [3] 般的勝利」，當然，這背後完全是耶和華神，袖大能的手的奇妙作為。

所以，**吃苦菜** 亦是「見證」耶和華神的名，這名:耶和華是有權柄、能力，是全地萬物的主宰、宇宙的創造者。

以上，**新系統:「逾越節」之四點條例**，就是整個 **出埃及記 12 章** 的經文脈絡:耶和華神先公告逾越節的「新系統」，然後要以色列百姓做出「宰羊-殺神」的信仰告白,接著以色列民全然遵守逾越節各項條例,新系統在百姓身上「安裝完畢」,然後耶和華神「才啟動」最後一擊的殺長子之災,待埃及所有長子被擊殺後,以色列民也「整隊完畢」,才真正是<來到>動身啟程、離開埃及的時候。

出埃及記 12 章最後兩節 50-51 節的描述，就給這一整章畫下一個圓滿的註解：

『耶和華怎樣吩咐摩西、亞倫，以色列眾人就怎樣行了。
正當那日，耶和華將以色列人按著他們的軍隊，
從埃及地 領出來。』

九、「昂貴」的新系統: 永續更新

<來到>篇這段妥拉的結尾段落，在出埃及記 13:1-16 節。首先出 13:2 提到：

『以色列中凡 頭生的，無論是人是牲畜，
都是我 (耶和華神) **的，要分別為聖 歸我。**』

頭生的、長子要歸給耶和華神。耶和華神說這話的意思很清楚，就是: 你們這些以色列人、特別是當中身為「長子」的，在第十災發生時，是我耶和華神「**特意存留**」你們的性命，並且 **你們的生命,是用全埃及所有長子的性命「換來」的。**

事實上，整個百姓的 **救贖**、以色列的「**系統更新**」、將以色列民從埃及帝國這個巨獸中 **救出來、拉出來**，其所付出的「代價」是非常巨大的。為了以色列民的**出埃及**，耶和華神不惜動用 十災，使整個埃及帝國崩塌、流了所有埃及人長子

---

[3] 因此，正月 的另一個稱號叫做 尼散月 (נִיסָן) 其字根(נס) 意思正好就是 奇蹟。

的血，全埃及帝國上上下下、劇烈震動、死傷慘重。

因此，你們這些以色列人，特別是頭生的，你們要知道，你們的性命是我耶和華神用「重價」、極高昂的代價 贖回的，因此，你們的生命「不再屬於」你們自己，你們是「屬於」我耶和華神的。

再者，透過「頭生的長子」**歸耶和華為聖**，也表明了耶和華神想要讓一個以色列男嬰，**從出生的那一刻**，就被安裝「逾越節」的 新系統，而不像他們的父輩、母輩那樣，是到了中年「出埃及」的時候，才「移除」埃及的舊系統，然後做系統更新。

因此，「頭生的長子」歸耶和華為聖 目的很清楚，就是要讓以色列民族的系統內部「**不斷更新、不斷升級**」，持續地「**新陳代謝、汰舊換新**」，直到出埃及的那一輩都凋零過世，剩下的就是「**全新一代**」：就是那群從小就接受「**逾越節**」新系統灌輸、教育的新以色列百姓，屆時，以色列民族系統就是達到「**全面更新**」的程度了。

這同時也就解釋了，將來 **進入迦南地** 都是「**全新的一代**」，而出埃及「中年系統更新」的那一代老一輩的，都倒在曠野。

也正因為「逾越節」的新系統是「昂貴的」，是耶和華神「不惜一切代價」建立起來的，所以神要以色列百姓盡心竭力地「**珍惜、保存、守護**」這個系統，為的也是要讓這個系統得以持續更新、**代代相傳**、永續發展，所以要「**時時記念**」它，「**每年都要**」守逾越節。出 13:3, 10：

> 『你們「**要記念**」從埃及為奴之家出來 的這日，
> 因為耶和華用 大能的手 (חֹזֶק יָד) 將你們從這地方領出來。
> 所以你「**每年要按著日期**」守這例。』

可以說，**出埃及事件** 是以色列民族史上第一次的 **Aliya** (עֲלִיָה)「回歸」行動，回到耶和華神向以色列先祖們所應許的產業和土地上。事實上，也正是透過**逾越節**，猶太人才能夠不斷重新「回到」出埃及事件的核心: 記念耶和華用大能的手，將他們從為奴受苦之地領出來、救贖出來，藉此，每個人都會願意 **將自己生命的主權「交還、歸回」給耶和華神、並且 分別為聖。**

因此，<**來到**>就是「回歸」：以色列民<**來到**>出埃及、過第一次逾越節的時候，就是首次將自己的生命「**歸回**」給耶和華神的時刻。**回歸**，總是人們內心中最深的渴望。

末了，來到本段妥拉的最後一節，出 13:16：

『這要在你手上 作記號，在你額上 作經文，
因為 耶和華 用大能的手 將我們 從埃及領出來。』

這就是說，當以色列民系統更新完成後、準備要「**出廠/出場**」時，耶和華神要給每一個百姓蓋上「正字標記」的產品戳章，然後，才能正式啟動系統、真正踏上「出埃及」的道路上。

<**來到**>篇妥拉就在出埃及記 13:16 這節經文畫下句點，而下一節，出埃及記 13:17 是下段妥拉的起始處，標題正好就叫做: <**容**(百姓)**去**> (בְּשַׁלַּח)。

問題與討論:

1. 出埃及記第三段妥拉標題<**來到**>。取<**來到**>這個字作為本段妥拉標題的涵義為何？ <**來到**>這個標題是要表明出「哪些重點信息」？

2. 為什麼說: 摩西每一次的<**來到**>法老面前,「預告」十災中的每一個災難,其實都是一項「賭博和冒險」,冒著自己的名譽喪失,甚至生命危險。

3. 以色列百姓在本段妥拉中也 <**來到**> 一個「**決斷、選擇**」的重要時刻: 是要繼續「留在」埃及,過著「奴隸」的生活,但每天尚有三餐飯菜可供溫飽;還是下定決定心「離開」埃及,雖然未來的道路還不知去處,也還未看見任何 (吃、住) 的生活保障。如果你是以色列百姓,你會選擇留在埃及,還是離開埃及？

4. 舊系統「崩塌」**三部曲**,指的是十災當中的「哪三個災難」？ 這三個大規模的災難給埃及帝國帶來什麼樣的影響？ 另外,根據一些學者研究指出,耶和華神所降下的十災,每一災都有「**一個對應的埃及神祇**」是耶和華所要擊打的埃及偶像,請問後三災:蝗災、黑暗之災、殺長子之災,耶和華神所要擊打的三個埃及偶像是哪三尊？ 最後,要問的是,耶和華神之所以降下十災,其「最終目的」到底是為了什麼？

5. 在新系統:「**逾越節**」條例中有四個項目,請分別說出這四個項目的具體內容,並解明這四個項目他們與「**出埃及**」事件的「意義關聯性」。

6. 出埃及記 13:2 『以色列中凡 **頭生的**,無論是人是牲畜,**都是我 (耶和華神)的,要分別為聖 歸我。**』 出埃及後,耶和華神要以色列人當中 頭生的、長子「分別為聖-歸給祂」的用意和目的是什麼？

出埃及記 No.4 妥拉

<容百姓去>篇 （פרשת בשלח）

本段妥拉摘要：

出埃及記第四段妥拉，標題<容百姓去>，希伯來文(בְּשַׁלַח)。

在上段妥拉<來到>篇，法老和埃及帝國經歷 十災 的重創之後，法老終於被迫打開鐵幕，同意讓以色列百姓離開，而以色列百姓也遵守耶和華神所頒布的 逾越節 條例，因此，來到出埃及第四段妥拉，接續的標題正好就是<容百姓去>。

以色列百姓雖然靈命重生，死裡復活，獲得自由，但接下來，也絲毫不能放縱、鬆懈，因為<容百姓去>不是 「容你們以色列百姓去」休息、去度假、去胡作非為、暢所欲為；正好相反，<容百姓去>是要你們以色列百姓 受裝備「去爭戰」，去建立神的國，去得地為業。所以要 按著神的心意、順服神的帶領，去走一條比較遠 的路，進入到被稱為操練信心的學校: 曠野，

而在這條邁向迦南地的艱難路途中，以色列百姓的信心不斷地受到考驗，在<容百姓去>這一段妥拉中，也「預先展示」以色列民在曠野因著吃、喝不足的問題而 信心軟弱，進而陷入到一種「不斷抱怨、爭鬧 的慣性」中。

因此，我們可以回過頭來問 <容以色列百姓去>，以色列民是「真的離開」埃及了？ 還是，只是 肉身離開，靈裡卻還留在埃及？ <容百姓去> 還是『容我們回埃及去』繼續做奴隸，這是以色列百姓內心-靈裡面經常糾葛的一個「存在/生存」問題。

雖然如此，這段妥拉還是結束在以色列打敗亞瑪力人的勝利中，這場勝仗，大大增加了他們繼續上行、不斷前進的信心。

出埃及記 No.4 妥拉 ＜容百姓去＞ 篇（פרשת בשלח）

經文段落：《出埃及記》13:17 - 17:16
先知書伴讀：《士師記》4:4 - 5:31
詩篇伴讀：66 篇
新約伴讀：《約翰福音》6:15-71、《歌林多前書》10:1-5、《彼得後書》1 章

一、 ＜容百姓去＞，去爭戰

出埃及記第四段妥拉標題＜容(百姓)去＞。經文段落從出埃及記 13 章 17 節到 17 章 16 節。＜容(百姓)去＞這個標題，在出 13:17 節的第一句話：

『法老 容百姓去 的時候。』
וַיְהִי **בְּשַׁלַּח** פַּרְעֹה אֶת-הָעָם

這段妥拉的標題: ＜容(百姓)去＞或＜容…去＞ (**בְּשַׁלַּח**) 就是希伯來經文出 13:17 節的第二個字，這個字 (**בְּשַׁלַּח**) 就是出埃及記第四段妥拉的標題。

按著這段妥拉的標題＜容百姓去＞，我們可以先來問幾個關鍵的問題，就是：

第一、＜容百姓去＞，以色列百姓到底「是要去哪裡」？
第二、＜容百姓去＞，是要按照自己的意思去；還是要「順服神的帶領」而去？
第三、＜容百姓去＞，大家是以「什麼樣的身分」去？
第四、＜容百姓去＞，以色列百姓是「要去做什麼」？

這段妥拉其實標記的是一個光榮的時刻、一個偉大的時刻，因為這是以色列歷史上第一次的「**集體性回歸**」的行動，這個「回歸」是要回到耶和華神向他們先祖亞伯拉罕、以撒、雅各所啟示、應許的這個迦南美地。所以，以色列百姓此時，準備要啟程，離開埃及，踏上這條「成聖」的 上行 之路。

只是，＜容百姓去＞，成為自由身，離開埃及後的這條「成聖之路」卻充滿挑戰，卻有許多的攔阻，以色列百姓在出埃及的路途上卻遇到許多仇敵。

所以，這段妥拉的開始和結尾，經文特意安置了兩個強大的敵人，一個就是由法老所領軍的埃及精銳部隊，另一個就是亞瑪力人。

從屬靈涵義上來說，**埃及** 和 **亞瑪力**，這兩群人都是象徵、代表「**惡者-魔鬼-仇敵-撒旦**」的力量，這些惡勢力全部都是<不容 (以色列) 百姓去>的。

因此，<容百姓去>，以色列百姓首要預備的，是預備 **要去征戰的**，以色列百姓必須要成為戰士，成為 **Warrior**，成為「**耶和華神的軍隊**」(**צִבְאוֹת יְהוָה**)，這也就是為什麼這妥拉一開始就提到：

『以色列人出埃及地，**都帶着 兵器 上去**。』出 17:18

所以，百姓 **必須要時刻警醒，預備好** 跟在前頭攔阻你的仇敵打仗，我們如果看到約書亞記就會知道，當以色列百姓過了約旦河，進到迦南地之後，他們經常是要備戰、打仗的。

回到標題<容百姓去>，離開埃及，成為自由身，以色列人就可以放鬆、休息、去度假，從此一帆風順，前途平順嗎？ 沒有！ <容百姓去>，是要去征戰！

二、 <容百姓去>的「權柄」

1. 從妥拉「標題」來看:

民數記第四段妥拉<打發>篇，和出埃及記第四段妥拉<容百姓去>篇，這兩篇妥拉有非常巧妙的彼此呼應。<打發> (**שְׁלַח**)，和<容百姓去>(**בְּשַׁלַּח**)，這兩個標題都有 (**שלח**) 的動詞字根，意思為：「**送出、派出、容...去**」。

在民數記第四段妥拉<打發>探子篇當中，以色列百姓心中、靈裡面「**害怕-恐懼**」的根源，正好可以追溯到出埃及記第四段妥拉 <容百姓去>。[1]

---

[1] 同參《奧秘之鑰-解鎖妥拉:民數記》No.4 妥拉<打發>篇之第二段「為自己做見證」、第四段「最大的敵人」。

2. 權柄的「來源-認可-歸屬」，會影響我們行動的「信心-勇氣-意志」：

一個最關鍵的核心問題: 是法老 <容百姓離去> 的嗎？ 當然不是！下達命令，定準放人的，<容百姓去>的乃是耶和華神。因為心硬的法老絕對不會放走這群「外勞」，他們是一批，替埃及帝國做奴隸的「勞動生產力」，這些生產力是「無價的」，這些人的生命和靈魂對埃及、法老來說，是「毫無價值」的，『你們只管做苦力，做到死為止』

但問題在於，**以色列百姓認為: 放走他們的「權柄」是法老**，可是百姓又知道，**法老是「被迫放人」**，因為前面發生十災，重重擊打埃及和法老，使得埃及國國勢大衰，幾乎到了「帝國瓦解」的邊緣。

十災的整個過程，以色列百姓也都親身經歷，看在眼裡，但他們仍不清楚，到底這 <容我們去> 的權柄是「**來自哪裡**」？

如果百姓認為是法老放 (我們百姓) 走的，那以色列民會時時處在一種『**隨時被抓回去奴役的恐懼**』之中。這點，只要看以色列百姓在紅海邊的反應即可知。

第二、如果百姓認為 <容百姓去> 的「**最終權柄**」是來自 耶和華神 的話，那百姓自然 **毋須害怕**，因為 耶和華會與他們同在，眷顧他們、**替他們爭戰**。但事實是，百姓，沒有完全相信，甚至不敢相信。

3. 斷開惡的權勢，和死亡的威脅，才能前進，走上信心的道路：

所以，法老掌握住以色列百姓「**恐懼**」的心理，就是『**不替我做工，我就殺你！**』，以死亡、性命要脅你，『替我做工，你就得活，有得吃喝，有得住…』

即便法老遭遇十災的痛擊，和殺長子的嚴懲，**法老仍想要透過戰車、馬兵，繼續施展對以色列百姓的「壓迫、奴役的權柄」，繼續「影響、打垮」以色列對耶和華和摩西的信心。**而法老的這一招心理戰術，似乎奏效。出 14:10-12：

> 『**法老臨近** 的時候，以色列人舉目看見埃及人趕來，**就甚懼怕**，
> 他們對摩西說：
> 「難道在埃及沒有墳地，你把我們帶來死在曠野嗎？
> **你為甚麼** 這樣待我們，**將我們從埃及領出來呢**？
> 我們在埃及豈沒有對你說過，不要攪擾我們，**容我們服事埃及人** 嗎？
> **因為服事埃及人** 比死在曠野還好。」』

從上面以色列百姓的反應即可知，他們對神沒有信心，**害怕『 惡的權勢、死亡的毒勾。』**所以在紅海邊，看到法老的追兵，才會哭喊、央求摩西：『不如我們向法老投降吧，給法老的兵丁抓回埃及，繼續做奴隸，至少能存活/苟活。』

由此觀之，很清楚的是，法老和以色列百姓之間，那「主-奴關係的鎖鏈」並沒有斷乾淨，以色列百姓當前，(或說整個 40 年曠野漂流的過程中)，都是處在一種『**權柄轉移中間的模糊地帶**』，所以，以色列百姓的恐懼是「雙重的」：

一來 **害怕法老的追殺**，所以就向摩西埋怨，不如讓法老帶我們「回埃及」做奴隸，免去死亡的威脅。

二來，**對耶和華小信**，所以也 **害怕摩西的帶領**，會讓百姓「走上絕路」，最後「死在曠野」。

4. 結語：
<**容百姓去**>曠野遇見神，還是<**容百姓 (回埃及) 去**> 繼續做奴隸，這乃是以色列百姓內心-靈裡面經常糾葛的「存在/生存」問題。

三、「砍斷」罪惡轄制

既然<**容百姓去**>的「最終權柄」是來自耶和華神，那麼，當然就是耶和華神要「全然保護」以色列他們這一趟離開埃及旅途的安危，所以耶和華神也的確親自眷顧他們、保守他們，出 13:21-22：

> 『日間，耶和華在雲柱中領他們的路；
> 夜間，在火柱中光照他們，
> 使他們 **日夜都可以行走**。
> 日間雲柱，夜間火柱，**總不離開百姓的面前**。』

以色列百姓在曠野漂流的四十年間，都有雲柱、火柱這樣神蹟般的護衛。

經文來到出 14:5 這邊提到，當以色列百姓繼續往前走，快到紅海邊時，法老<**容**

百姓去>的心意和決定竟然「後悔」了，法老心想，怎麼可以就這樣平白無故地讓以色列百姓「這六十萬的勞動人口」離開埃及呢？不行，我要把這群外勞全部抓回來，繼續替埃及帝國做苦工。出 14:5-7：

> 『有人告訴埃及王說：「(以色列)百姓逃跑。」
> 法老 和 他的臣僕 就向 (以色列) 百姓 變心，說：
> 「我們 容以色列人去，不再服事我們，這做的是甚麼事呢？」
> 法老就預備他的車輛，帶領軍兵同去，
> 並帶着六百輛特選的車和埃及所有的車，每輛都有車兵長。』

從屬靈涵義來說，**法老** 所象徵的就是 **惡**，「惡的本質」就是: 我要 **奴役**、我要 **控制**、我 **不要讓你們** 得自由。這個就是 Evil , The Essence of evil. 惡的本質就是撒旦的工作，牠就是要來 **偷竊、殺害、毀壞** 你的生命。

當前有一片汪洋大海，後有法老追兵的時候，以色列百姓又再次面臨了這個將會 **改變-扭轉一生** 的「**生存抉擇**」，那就是: 要過紅海，離開埃及；還是要打退堂鼓，向法老投降，給法老抓回埃及去，繼續替埃及做苦工。

從出 14:10-12 這段經文中，在前文我們已經讀過，以色列百姓的反應是恐懼、害怕的，他們「**退縮**」了。

但是，對耶和華神「滿有信心」的摩西，此刻勇敢地站出來，對全體以色列百姓「信心喊話」，這個信心喊話其實是一個「**醫治釋放**」的動作，就是「**要切斷**」以色列百姓 和 法老-埃及 的這個「**主人-奴隸**」的鎖鏈、捆鎖。因為摩西清楚知道以色列百姓「恐懼的來源」正就是法老。出 14:13-14，摩西對百姓說：

> 『不要懼怕，只管站住！
> 看耶和華 今天向你們所要施行的 救恩。
> 因為，你們今天所看見的埃及人 必永遠不再看見了。
> 耶和華 必為你們爭戰；
> 你們只管靜默，不要作聲。」』

當摩西向以色列百姓宣告說『耶和華神必為你們爭戰，不要懼怕』的同時，耶和華神也叫摩西不要再向祂禱告、哀求，此時乃是要百姓 **直接行動 Just Do It.**、**不斷向前 keep moving forward.** 的關鍵時刻，不要再思考、不要再禱告，不用再哀求、不要再躊躇不前、猶豫不決了，**直接動作**，往前走吧。出 14:15：

> 『耶和華對摩西說：「你為甚麼向我哀求呢？你吩咐以色列人 **往前走**。」』

當以色列百姓付出「**信心的行動**」，繼續往海裡走的時候，紅海就分開了，在他們平安地過了紅海之後，紅海合起來的當下，「淹沒了」法老所率領埃及全軍，出 14:28：

> 『水就回流，淹沒了車輛和馬兵。
> 那些跟着以色列人下海 **法老的全軍**，
> **連一個也沒有剩下。**』

另外，經文還「特意提到」以色列百姓看到埃及兵丁的屍體漂流在紅海岸邊，這乃是要具體表明，這個「奴役-控制」你們以色列民的法老和埃及，牠所施加在你們百姓身上的「恐懼和枷鎖」已經「**澈底斷開**」，這個罪惡的轄制已被「**澈底砍斷**」。你們以色列民再也「**不必害怕、毋須恐懼**」法老和埃及的軍隊了，出 14:30：

> 『當日，**耶和華這樣拯救 以色列人** 脫離埃及人的手，
> 以色列人**看見 埃及人的死屍 都在海邊**了。』

耶和華神的救贖，乃是讓你們以色列人這樣 **親身經歷、親眼看到的**，也因為這樣「**具體而壯烈**」的救贖行動，這才讓以色列人相信耶和華神和摩西，出 14:31：

> 『以色列人**看見** 耶和華向埃及人所行的大事，
> 就敬畏耶和華，又信服他和他的僕人摩西。』

四、「救贖巔峰」到「信心崩盤」

當以色列百姓驚險地渡過紅海，經歷了耶和華神的大能大力，親自見證了「出埃及」**救贖** 的這一個 **最顛峰、最偉大** 的時刻之後，在 **出埃及記 15: 1-19** 這段經文，也就是被猶太人稱之為「**海洋之歌**」(שירת הים) 的經文段落中，以色列民唱出了對耶和華神救贖的頌讚和歡呼。

在這首「海洋之歌」中，唱出了很多重要的內容，這些內容乃是關乎以色列百姓他們「**集體民族的歷史意識**」，可以說，以色列「**民族經驗的結晶體**」，都濃縮在這首詩歌當中。底下，茲列舉這首「海洋之歌」當中的幾個重點：

1. 耶和華神的確是 **以色列的神**，是先祖: **亞伯拉罕-以撒-雅各的神** [2]，出 15:2：

> 『耶和華是我的力量，我的詩歌，
> 也成了我的拯救。
> 這是 **我的上帝** (**אֵלִי**)，我要讚美祂，
> 是 **我父親的上帝** (**אֱלֹהֵי אָבִי**)，我要尊崇祂。』

2. 耶和華神 **是為以色列而戰** 的神，當以色列遭遇禍患，面臨「種族滅絕」的時後，耶和華神總是會介入到歷史中，攔阻仇敵的攻擊和殺害 [3]，出 15:3：

> 『耶和華是 **戰士** (**אִישׁ מִלְחָמָה**)；
> 祂的名是 **耶和華** (**יְהוָה**)。』

3. 耶和華神是 **掌管全地、大自然** 的主，出 15:8,10：

> 『祢發鼻中的氣，水便聚起成堆，
> 大水直立如壘，
> 海中的深水凝結。』

> 『祢叫風一吹，**海就把他們淹沒**；
> 他們如鉛沉在大水之中。』

4. 耶和華神是 **守約-施慈愛** 的神，出 15:13：

> 『祢憑慈愛 (**בְּחַסְדְּךָ**) 領了 祢所贖的 百姓；
> 祢憑能力引他們到了祢的聖所。』

5. 耶和華神是 **萬神之神**，在眾神以上，出 15:11,18：

> 『耶和華啊，眾神之中，**誰能像祢**？
> **誰能像祢－至聖至榮**，
> **可頌可畏，施行奇事**？』
> 『**耶和華必作王，直到永永遠遠**！』
> **יְהוָה יִמְלֹךְ לְעֹלָם וָעֶד**

---

[2] 同參出埃及記 No.1 妥拉<名字>篇之第六段「耶和華的<名>: 亞伯拉罕-以撒-雅各的神」。

[3] 另參《奧秘之鑰-解鎖妥拉:民數記》No.7 妥拉<巴勒>篇之第一段「靈界的戰爭」、第二段「反以的原型」。

在經歷了耶和華神大能的拯救，唱完「海洋之歌」後，接下來以色列人就要深入到曠野，實際地去面對生存的現實。出 15:22-24：

> 『摩西領以色列人從紅海往前行，到了書珥的曠野，
> 在曠野走了三天，找不着水。
> 到了 瑪拉(מָרָתָה)，不能喝那裏的水；
> 因為水 苦 (מָרִים)，所以那地名叫 瑪拉(מָרָה)。
> 百姓就向摩西發怨言，說：「我們喝甚麼呢？」』

接著來到第 16 章，汛的曠野，以色列全會眾在曠野又向摩西、亞倫發怨言說，在出 16:3：。

> 『巴不得我們早死在埃及地、耶和華的手下；
> 那時我們坐在肉鍋旁邊，吃得飽足。
> **你們將我們領出來，到這曠野，是要叫這全會眾 都餓死啊！**』

再來到第 17 章的利非訂，百姓又因為沒有水喝與摩西爭鬧，並且向摩西發怨言，出 17:3-4：

> 『百姓在那裏甚渴，要喝水，就向摩西發怨言，說：
> **「你為甚麼將我們從埃及領出來，**
> 使我們和我們的兒女並牲畜 都渴死呢？」』
> 摩西就呼求耶和華說：
> 「我向這百姓怎樣行呢？他們幾乎要 **拿石頭 打死我**。」

從上面的經文看到，以色列百姓「**逐步升級**」的抱怨，從瑪拉、汛的曠野，再到利非訂，最後，百姓甚至想拿石頭打死摩西，並且還「懷疑」到底「有沒有」這位耶和華神。出埃及記 17:7：

> 『摩西給那地方起名叫「**瑪撒**」(מַסָּה 試探 的意思)，
> 又叫「米利巴」(מְרִיבָה 爭鬧 的意思)；
> 因以色列人 **爭鬧**，又因他們 **試探** 耶和華，說：
> **「耶和華是有我們中間，還是沒有？」**

在妥拉中，通常這些希伯來語「**地名的命名**」都是標誌著該地方所發生的「事件」及後續帶來的「影響」。

至此，因著以色列民「怨毒」甚至「咒罵」的反應來看，摩西所領導的出埃及之救贖任務，在百姓眼中就『好像沒發生過』一般。原來，走了這麼一遭，遭遇十災、過紅海、出埃及、成為自由身、也唱了榮耀的「海洋之歌」，最後來到的還是「令人絕望」的一個生存環境: 曠野。摩西帶領我們到曠野是「來尋死」，所以，這就引發了出埃及記 17:7 這一個「回到原點」的基本-核心問題，那就是:

『到底耶和華有在我們中間，還是沒有？』
הֲיֵשׁ יְהוָה בְּקִרְבֵּנוּ אִם-אָיִן

到底「有沒有」耶和華神，到底「出埃及」的計畫是耶和華神策動的，還是你摩西一人自己的「個人行為」，一個精神癲狂、走火入魔的傢伙所發起，演變至如今，深入人跡罕至的曠野絕境，全體百姓被你摩西捲入了一場，馬拉松式的死亡行軍的災難。

就這樣，以色列百姓經歷了從「救贖巔峰」到「信心崩盤」的心路歷程。

五、 戰勝心魔，打敗亞瑪力

<容百姓去>這段妥拉，是以以色列百姓和亞瑪力人征戰打仗的「經文段落 (出 17:8-16) 」作為一個 Ending.。

為什麼在這段妥拉最後的結尾，經文「特意安排」一場戰事？ 那是因為要讓以色列百姓「有信心」，要讓他們自己能夠相信，他們是有辦法在曠野生存，甚至有能力在曠野中和仇敵打仗。透過這場戰事，神要讓他們從「信心崩盤」的屬靈景況走出來，再次成為滿有信心的勇士。

正如前文所述，以色列百姓在曠野裡面一遇到困難的環境，沒有水喝、沒肉可吃，就向摩西和耶和華神爭鬧、抱怨，並且以為他們在曠野會活不下去，然後就想走回頭路: 回埃及去。以色列人「為奴」的劣根性還尚未根除乾淨。

但是耶和華神早已告訴以色列百姓，你們是『我的兒子、我的長子』，你們是耶和華神的軍隊，你們要去得地為業，你們要去征戰，我耶和華神會與你們同在、會保護你們。只是，要如何讓百姓「真實知道」神 真的會 與他們在，神 真的

會 為他們征戰，那就需要安排 一場實際的戰鬥、一個 Fighting、一個 Battle，來「訓練」以色列百姓、「操練」他們對神的信心，藉此戰勝他們「信心軟弱、恐懼害怕」的心魔。

以色列百姓與亞瑪力人的戰事，正是他們在曠野打的「第一場戰爭」，透過這場戰事，百姓才能「實際地經歷」神的同在、**神蹟奇事、神得勝的旌旗**，也就是說：**透過爭戰，來經歷神的作為**。

是的，很多時候我們沒有經歷神，是因為我們沒有遇到一些困難，沒有遇到挑戰，當我們日子過得很平順的時候，會覺得我們不需要神，若是這樣，我們就無法真實經歷神的作為。

所以，困難臨到、征戰來到，除了要「鍛鍊」我們的信心，此外，為的也是要叫我們更多地經歷神、更深地認識神，原來神是一位使我們「**得勝**」的上帝。

正如這場戰事結束後，出 17:5：

> 『摩西築了一座壇，起名叫 **耶和華尼西** (意思是 **耶和華是我旌旗**)』
> וַיִּבֶן מֹשֶׁה מִזְבֵּחַ וַיִּקְרָא שְׁמוֹ **יְהוָה נִסִּי**

耶和華-尼西 (**יְהוָה נִסִּי**) 讀音 **Yehovah nisi.** 這個詞組後面的單字(**נִסִּי**) **nisi.** 原文是「**我的神蹟**」，若把第一人稱單數的人稱字尾拿掉，那就是這個單字原來的型態，叫做 (**נֵס**) 讀音 **nes.** 意思就是 **神蹟**、或(得勝的) **旌旗**。

耶和華-尼西 (耶和華是我的神蹟/旌旗) 的這個大力宣告，就是要明確地告訴以色列人，即便仇敵來勢洶洶，既使仇敵比我們還強大，我們毫無勝算，但是，只要當神與我們同在，而我們也信靠祂的時候，那麼神就會 **為我們** 施行 **神蹟**、神就會 **成為我們** 得勝的 **旌旗**。

回到這段妥拉的標題<容百姓去>，以色列人離開埃及，成為自由身，從此就一帆風順，前途平順嗎？ 沒有！ <容百姓去>，是要 去征戰！並且要 征戰得勝！

問題與討論:

1. 出埃及記第四段妥拉標題叫<容百姓去>。<容百姓去>,以色列百姓到底「是要去哪裡」? 是要按照自己的意思去;還是要「順服神的帶領」而去? 大家是以「什麼樣的身分」去? 以色列百姓是「要去做什麼」?

2. 在經文中我們看到: 以色列百姓認為<容百姓去>的「權柄」是來自法老,還是來自耶和華神? 而讓以色列人能夠離開埃及,那背後<容百姓去>的真正「權柄」是源自何處、來自於誰?

3. 在本段妥拉中,我們清楚看到「**惡的本質**」就是什麼? 你認為,要如何才能「**徹底砍斷**」罪惡轄制?

4. **出埃及記 15: 1-19** 這段經文,被猶太人稱為「**海洋之歌**」(**שירת הַיָּם**) ,在這首「海洋之歌」中,唱出了很多重要的內容,這些內容乃是關乎以色列百姓「**集體民族的歷史意識**」,可以說,以色列「**民族經驗的結晶體**」都濃縮在這首詩歌當中,請問這些重要的內容在講述什麼? 另外,以色列百姓為何會從「救贖巔峰」走到「信心崩盤」,到最後,甚至還發出『**到底耶和華有在我們中間,還是沒有?**』這樣的疑問。

5. <容百姓去>這段妥拉,是以以色列百姓和亞瑪力人 征戰打仗 的「經文段落 (出 17:8-16) 」作為一個 Ending.。為什麼在這段妥拉最後的結尾,經文「特意安排」一場戰事? 另外,**耶和華-尼西 (יְהוָה נִסִּי)** 的希伯來文是什麼意思?

出埃及記 No.5 妥拉
<葉忒羅>篇 (פרשת יתרו)

本段妥拉摘要：

出埃及記第五段妥拉，標題<葉忒羅>，希伯來文(יִתְרוֹ)。

在上段妥拉<容百姓去>篇，以色列百姓經歷了出埃及救贖的最高峰：過紅海，親眼看到耶和華神用雲柱、火柱來保護他們，並且在曠野降下嗎哪、鵪鶉、甚至使水變甜……等等的神蹟奇事。

以色列民雖然經歷耶和華「大能的手」的許多作為，卻仍然在曠野不斷 發怨言、爭鬧、試探 耶和華神，甚至要拿石頭 打死摩西，因為百姓認為「出埃及」這件事情不過是虛晃一招，所以才強烈地質問摩西：『**到底 有沒有 耶和華神**，耶和華神有沒有在我們當中？』

正當以色列民快要信心崩潰、摩西也幾乎快承受不住百姓的輿論壓力，這時候，一個關鍵人物出現了，就是摩西的岳父<葉忒羅>。<葉忒羅>的出現，適時地幫助摩西，來「穩定」以色列百姓騷亂的民心，他以一個「外邦人」的身分，向以色列全會眾「做見證」，並且激勵他們，說：

> 『你們的耶和華神 **是應當稱頌的**，
> 因為是耶和華神 **救你們脫離埃及人和法老的手**，
> 你們的耶和華神 **比萬神都大**。』[1]

另外，<葉忒羅>也教導摩西「分層管理」百姓的措施，使摩西不至於疲於奔命。等到以色列民內部「管理機制」運作以後，百姓就能時時受到「適切的規範」。這就為接下來，以色列民在西奈山下 **領受十誡**，做了一個最好的準備和鋪陳。

---

[1] 出埃及記 18:10-11。

出埃及記 No.5 妥拉 <葉忒羅> 篇 (פרשת יתרו)

經文段落:《出埃及記》18:1 - 20:26
先知書伴讀:《以賽亞書》6:1 - 7:6、9:6-7
詩篇伴讀: 19 篇
新約伴讀: 《馬太福音》8:5-20, 19:16-26、《約翰一書》5:1-11

一、 外界的反應

出埃及記第五段妥拉標題<葉忒羅>。經文段落從出埃及記 18 章 1 節到 20 章 26
節。<葉忒羅>這個標題,在出 18:1 節:

『摩西的岳父,米甸祭司 **葉忒羅**,聽見
上帝為摩西和上帝的百姓以色列所行的一切事,
就是耶和華將以色列從埃及領出來的事,』

וַיִּשְׁמַע **יִתְרוֹ** כֹהֵן מִדְיָן חֹתֵן מֹשֶׁה
אֵת כָּל-אֲשֶׁר עָשָׂה אֱלֹהִים לְמֹשֶׁה וּלְיִשְׂרָאֵל עַמּוֹ
כִּי-הוֹצִיא יְהוָה אֶת-יִשְׂרָאֵל, מִמִּצְרָיִם

這段妥拉的標題: <葉忒羅> (**יִתְרוֹ**) 就是希伯來經文出 18:1 節的第二個字,這個
字 (**יִתְרוֹ**) 就是出埃及記第五段妥拉的標題。

之所以把<葉忒羅>摩西岳父的名字,拿來當作本段妥拉的標題,顯見<葉忒羅>
在這一段妥拉經文裡面,扮演一個很關鍵、很重要的角色。但是在談<葉忒羅>
之前,我們先來看看「外界的反應」,也就是外邦人對於以色列人「出埃及」這
一「歷史」事件有什麼反應和觀點。

可以這麼說,以色列百姓「離開埃及」,在當時是一個頭條的新聞事件,外界肯
定會對這個事件有所關注和評論,就以出埃及事件「發生的所在地」及其統治者:
法老來說,法老雖然親身經歷、親自遭逢了 **耶和華大能的手所施展的 十災**,但
即便是來到第十災、殺長子這樣超自然的災害、這麼樣嚴重的災難,法老仍然心
理剛硬,因為等到以色列百姓到了紅海岸邊,準備要離開埃及的時候,法老竟然

還「執迷不悟」地要帶著埃及的軍兵 往海裡追，要把這一群希伯來的勞動人口全部帶回埃及去。

為什麼法老會有如此瘋狂的行徑和舉動，竟然會要帶著整個埃及帝國的軍兵，全部投入-葬身大海，理由很簡單，因為法老始終「不相信」出埃及的事件，背後乃是: 耶和華神定意 要讓以色列百姓離開埃及的。法老自始至終都認為，十災的發生不過是「大自然」的災害，這「並不是」什麼「神大能的手」在背後運作，所以法老當然心硬「到底」。

另一個要來談到「外界的反應」，就是上段妥拉結尾提到的，那些偷襲、來攻擊、以色列百姓的 亞瑪力人。申命記 25:17-18：

> 『你要記念你們出埃及的時候，亞瑪力人在路上怎樣待你。
> 他們在路上遇見你，趁你疲乏困倦，擊殺你儘後邊軟弱的人，
> 並不敬畏神 (וְלֹא יָרֵא אֱלֹהִים)。』

在埃及發生大規模的十災、埃及帝國的劇烈動盪、以色列人出埃及、過紅海、紅海分開、紅海淹沒埃及的軍隊，難道這麼大的新聞事件，亞瑪力人 會不知道嗎？

以色列百姓出埃及背後所發生的這麼多的「超自然」事件，除了十災、紅海分開、還有雲柱、火柱，難道這些 亞瑪力人 會不知道嗎？ 他們難道不曉得這背後乃是有一隻運籌帷幄的、看不見的「大能的手」在運作，這背後乃是 以色列人的上帝 在進行的「救贖」行動？

亞瑪力人 若是真的「相信」這一切都是 耶和華神的作為，是耶和華神定意 要讓以色列百姓離開埃及 的話，那麼他們就「不敢」半路偷襲、追殺以色列百姓，並阻撓他們回歸迦南、進入應許之地的上行之路。

亞瑪力人的反應，和法老一樣，他們當然「知道」這背後有某種「超自然、神意」的作為，或者，他們其實知道「出埃及」的這些事件背後乃是 耶和華神的作為，只是他們不願意去「相信」而已。所以他們 (法老、亞瑪力) 的反應和作為是悖逆的、是剛硬的，因為即便這一切是 耶和華神的作為，他們也 不相信，更不會去接受，因此，法老、和亞瑪力人做出了「故意違抗」神計畫、「蓄意攔阻」神心意的作為和行動。

最後一個「外界的反應」類型，就是由<葉忒羅>這個外邦人所代表的，當<葉忒羅>聽聞以色列人 出埃及 的新聞事件時，<葉忒羅>的反應又是如何？

二、 <葉忒羅>的信心與見證

從妥拉 (摩西五經) 看得很清楚,耶和華神是一位會「**介入歷史**」的上帝,祂「**主導**」人類歷史的發展,在歷史背後,有一隻運籌帷幄、看不見的手。以「出埃及」這一「歷史」事件,這個標誌著當年以色列百姓民族「救贖和重生」的重大事件來說,就是一個具體而清楚的明證。

但問題在於,人們該如何對 (這些歷史事件) 做出「觀點的詮釋」,當然你可以像外邦帝國的君王: 法老一樣,來「理解」十災的發生不過是「**大自然**」的災害,這「**並不是**」什麼耶和華神「**神大能的手**」在背後運作。

又或者,你可以像<葉忒羅>一樣,在聽聞「出埃及」的事件之後,心裡就立刻明白說,出 18:10-11:

『**耶和華** 是應當稱頌的;
祂救了 你們 脫離埃及人和法老的手,
將這百姓從埃及人的手下 **救出來**。
我現今在埃及人向這百姓發狂傲的事上得知:
耶和華「**比萬神都大**」。』

בָּרוּךְ יְהוָה
אֲשֶׁר **הִצִּיל אֶתְכֶם** מִיַּד מִצְרַיִם וּמִיַּד פַּרְעֹה
אֲשֶׁר **הִצִּיל** אֶת-הָעָם מִתַּחַת יַד-מִצְרָיִם.
עַתָּה יָדַעְתִּי כִּי-**גָדוֹל יְהוָה מִכָּל-הָאֱלֹהִים**
כִּי בַדָּבָר, אֲשֶׁר זָדוּ עֲלֵיהֶם

<葉忒羅>的名字之所以成為這段妥拉的標題,我想,正在於<葉忒羅>向這群在曠野生活,常會「信心疲軟」、甚至「信心崩盤」的以色列百姓,大聲強力地宣告並且「做見證」說:

你們為什麼如此信心軟弱,經常爭鬧、抱怨呢? 拯救你們出埃及的,正是你們先祖「**亞伯拉罕-以撒-雅各的神**」(**אֱלֹהֵי אַבְרָהָם יִצְחָק וְיַעֲקֹב**) 啊! 祂是你們「**以色列的上帝**」(**אֱלֹהֵי יִשְׂרָאֵל**) 啊! 是「**以色列的聖者**」(**קְדוֹשׁ יִשְׂרָאֵל**) 啊! 是創造天地宇宙萬物的上帝: 耶和華神 (**יהוה**) 啊! 祂可是比萬神都大啊!

以色列全會眾啊,你們不要再懷疑神了,毋須再問『到底耶和華有在我們中間,

還是沒有？」這樣的愚昧問題了。

有意思的是，按著妥拉的「分段」，在上段<容百姓去>篇所敘述的出埃及、過紅海，來到<葉忒羅>篇，正好就是由<葉忒羅>這個外邦人，替<容百姓去>的出埃及這件事來「做見證」。所以說，這個見證竟然還不是這群「親歷十災-出埃及」的以色列百姓自己做的，而卻是由一個外邦人<葉忒羅>做的。

可以說，正是由於<葉忒羅>的出現，「緩解」了，或者說「釋疑」以色列百姓對耶和華神的小信、懷疑甚至是不信。<葉忒羅>「歡欣鼓舞地」來替以色列百姓加油打氣、「激勵」他們的士氣和對耶和華神的信心，出 18:9：

> 『<葉忒羅>因 耶和華 待以色列 的一切好處，
> 就是 拯救他們 脫離埃及人的手，
> 便甚歡喜。』

外界對「以色列人出埃及」的反應，如果將法老、亞瑪力人對照到<葉忒羅>，那兩者有著極強烈的對比，一個是不信、悖逆、心理剛硬；而另一個卻是相信、歡喜快樂，並且還願意為這事做見證。除此之外，<葉忒羅>還向耶和華神獻祭，出 18:12：

> 『摩西的岳父<葉忒羅>把 燔祭和平安祭 獻給上帝。
> 亞倫和以色列的眾長老都來了，
> 與摩西的岳父 在上帝面前吃飯。』

出埃及後的「第一場」向神表達感恩的獻祭，竟然不是由這群「經歷神大能」、「親臨救贖」的以色列百姓所獻的，而是由一位外邦人、一個局外人，也就是摩西的岳父<葉忒羅>所獻的。

出 18:12 節的經文很形象化地描述出，大家都來參與<葉忒羅>在出埃及後所主辦的第一場「感恩餐會」，因著<葉忒羅>的大有信心，並且還歡欣鼓舞地對以色列百姓做見證，<葉忒羅>這樣的反應和作為讓耶和華神喜悅，以至於就連耶和華神都來一起享受這盛宴，所以經文說他們都『在上帝面前吃飯。』

是的，當我們對神 有信心 的時候，我們內心就會 充滿感恩，並且神也會按著祂的心意在我們各人的生命中 成就奇妙事，反之，當我們對神 小信、懷疑 甚至是 沒有信心 的時候，那我們就容易 心中苦毒、發怨言，即便神已經 為我們成就美好事 了。

三、 授權-分層管理

『沒有異象，民就放肆！
唯遵守 律法/妥拉 (תּוֹרָה) 的，便為有福。』箴言 29:18

出 18:13 節以前經文描述的是一個歡喜快樂、團圓的畫面，是一個美好的、平和的景象，摩西和他的妻小久別重逢，摩西告訴他的岳父<葉忒羅>在埃及所發生的一切，然後<葉忒羅>向以色列人做見證說：『是耶和華神拯救你們，你們的神比萬神都大，你們的神是應當稱頌的！』最後，<葉忒羅>向耶和華神獻祭，為以色列百姓舉辦了一場感恩餐會。

經文來到出 18:13 節，前面愉悅、平和的景象不再，以色列百姓好像「無所事事」，又再彼此「爭鬧不休」，出 18:13：

『第二天，摩西坐著 審判 百姓，
百姓 從早到晚 都站在摩西的左右。』

這節經文的描述，似乎表達出以色列百姓在「出埃及」來到曠野後，生活「漫無目標」、「沒有方向」，然後開始胡作非為，彼此為了芝麻蒜皮的小事而爭吵不休，所以才會「從早到晚」都要來摩西這裡解決彼此的爭端。

所以，以色列百姓這個時候真正需要的是什麼？他們需要的並不是吃，並不是喝，他們迫切需要的，是一個 靈命的提升，需要的是 一個異象、一個 人生的目標。

摩西的岳父<葉忒羅>看到這樣的狀況，就對摩西說：

『你這做的不好。和這些百姓必都疲憊；因為這事太重，你獨自一人辦理不了。現在你要聽我 (葉忒羅) 的話。我為你出個主意，願上帝與你同在。你要替百姓到上帝面前，將案件奏告上帝；又要將律例和法度教訓他們，指示他們當行的道，當做的事；並要從百姓中 揀選有才能的人，就是 敬畏上帝、誠實無妄、恨不義之財 的人，派他們作 千夫長、百夫長、五十夫長、十夫長，管理百姓，叫他們隨時審判百姓，大事 都要呈到你這裏，小事 他們自己可以審判。這樣，你就輕省些，他們也可以同當此任。你若這樣行，上帝也這樣吩咐你，你就能受得住，這百姓也都 平平安安歸回 他們的住處。』

於是，摩西「聽從」他岳父的話，按著 他岳父<葉忒羅> 所說的「去行」。出 18:24。

這裡，我們看到摩西的謙卑。摩西並沒有因為<葉忒羅>的直言建議，就生氣，對著他岳父<葉忒羅>大發雷霆說:『是誰在埃及經歷十災？ 是誰犧牲性命、不顧一切地對抗法老和埃及帝國？ 是誰帶領以色列人出埃及、過紅海？ 是我摩西，你<葉忒羅>還想要教我摩西怎麼領導-管理百姓嗎！！！』

一個好的屬靈領袖，是願意聆聽，願意謙卑，願意「放下自己」，願意去承認自己的不足和軟弱，當然，這不是件容易的事，但摩西給了我們一個典範和榜樣。

回到<葉忒羅>，因著他的「來到、出場」，得以暫時替摩西「穩住」以色列百姓騷亂的民心，<葉忒羅> 也以一個為父的角色，來教導摩西如何「**分層管理**」，使摩西不至於疲於奔命。待以色列民內部「**管理機制**」開始運作以後，百姓就能**時時受到「適切的規範」**。這就為接下來出埃及記 19 章，耶和華要在西奈山向以色列民頒布十誡，做了一個最好的準備和鋪陳。

因為耶和華神，沒有辦法在百姓「爭鬧-分裂」的狀態下頒布聖法，只有當以色列民成為一個「**整齊劃一、齊心向上**」的民族團體，並且說:『凡耶和華所說的，我們都要遵行』的時候，耶和華神才會將最高啟示、祂真理的話語、一切聖法賜下。

因著<葉忒羅>在以色列百姓「出埃及、領受十誡」一事上有功勞，所以出埃及記第五段妥拉的標題，就給了摩西的岳父 <葉忒羅> (יתרו)。而摩西在帶領以色列百姓出埃及後的疲憊、辛勞，甚至痛苦，來到本段妥拉，也暫時得到一個緩解。

四、 西奈山的「神聖臨在」

出埃及記來到第十九章，準備要來到一個高峰，因為這是耶和華神準備要「**顯現**」、要「**臨在**」在西奈山上、耶和華神要向以色列頒布十誡的神聖時刻。

只是，在此之前，耶和華神對以色列百姓先做出一個「**自我宣告**」，也就是: 耶和華神要告訴以色列百姓，**出埃及 這個事情 是我耶和華神做的、十災 是我耶和華神施展的**。你們以色列百姓「**不要再懷疑**」我耶和華神。出 19:4-6，耶和華

神對以色列人說：

> 『我 (耶和華) 向埃及人所行的事，你們都看見了，
> 且看見 我 (耶和華) 如鷹將你們背在翅膀上，帶來歸我。
> 如今你們若實在聽從我的話，遵守我的約，
> 就要在萬民中 作屬我的子民，
> 因為 全地都是我的。
> 你們要 歸我作祭司的國度，為聖潔的國民。』

在出 19:4-6 這段經文中，耶和華神對以色列百姓所做的「這個呼籲、這個自我宣告」，其目的就是要「完全破除」百姓對耶和華神的小信、懷疑、甚至不信。祂要以色列百姓對 出埃及-救贖 這個事件作一個非常清楚的「再確認」。

這個「再確認」就是說，如果你們以色列人既然都已經「親身經歷、親自看見」耶和華神的救贖，並且也知道並相信這位神就是你們的父神，那你們「願不願意」歸入我 (耶和華) 神的<名>下，實踐並完成我所交付你們的特殊使命，就是: 作祭司的國度，為聖潔的國民？ 因為「這個使命」就是你們 以色列 的 Identity. 真實身分。

接下來的經文，出 19:8，就是以色列全體百姓「齊心一致地」答覆:

> 『凡耶和華所說的，我們都要遵行。』
> כֹּל אֲשֶׁר-דִּבֶּר יְהוָה נַעֲשֶׂה

在百姓都「同心合一」的預備好之後，下面的經文敘事就是耶和華神準備要顯現「神聖臨在」的時刻，這是一個 榮耀莊嚴、但又令人 恐懼顫驚 的時刻。[2]

在這樣的時刻裡面，以色列百姓也首次經歷並學習到關於「神」、和「神聖」的概念，那就是，在親近神之前必須要「自潔」，所以出 19:10 耶和華對摩西說:

> 『你往百姓那裏去，叫他們 今天明天 自潔 (וְקִדַּשְׁתָּם)，
> 又叫他們 洗衣服。』

而「神聖」的概念，具體來說就是「定界限」[3]，這就是出 19:12, 23 說的:

---

[2] 關於西奈山「神聖臨在」的分析與描述，另參《奧秘之鑰-解鎖妥拉:利未記》No.1 妥拉<祂呼叫>篇之第二段「為什麼需要有會幕？」。

[3] 關於「神聖-定界限」的概念，另參《奧秘之鑰-解鎖妥拉:利未記》No.7 妥拉<成聖>篇之第一段「邁向<成聖>」。

『你要在 山的四圍 給百姓 定界限。』

וְהִגְבַּלְתָּ אֶת-הָעָם סָבִיב

『要在「山」的四圍 定界限，叫山 成聖。』[4]

הַגְבֵּל אֶת-הָהָר וְקִדַּשְׁתּוֹ

接著，出 19:16-20 這段經文，就是「**西奈天啟-神聖臨在**」事件的細節刻畫，這個畫面是非常驚心動魄的：

『在山上有 **雷轟**、**閃電**，和 **密雲**，並且 **角聲**[5] 甚大，

營中的百姓盡都發顫。

摩西率領百姓出營迎接上帝，都站在山下。

西奈 **全山冒煙**，因為 **耶和華** 在火中 **降於山上**。

山的煙氣上騰，如 **燒窯** 一般，遍山 **大大地震動**。

角聲 漸漸地高而又高，

摩西就說話，上帝有聲音答應他。

耶和華降臨在西奈山頂上。』

在這段經文描述中，很清楚可以看到，這是一幅：一個「**超越**」時間和空間、「**創造**」天地宇宙萬物的偉大造物者：「**無限-全能-榮耀**」的耶和華神，祂正「**降臨-臨在**」在祂所創造的地球上、一座山上。

一個比浩瀚宇宙還要「**無限、巨大**」的上帝，如何「**臨在-顯現**」在一個「**有限-渺小**」的空間和向度裡，這是無法想像的，我們最多只能想像，上帝就好像是一個具有，超過人類所能想像得到的一種無敵「**超巨大**」能量，如同核子彈，或是「**能扭曲**」時空結構的黑洞能量。

因此，當耶和華神巨大「**神聖臨在**」發生的時候，那麼存在在時-空結構中的物質界的我們，也就是有限的人、以及我們的肉身，自然是「**無法承受**」神的顯現和同在。所以，在出 20:19 以色列百姓才對摩西說：

---

[4] 神聖「**定界限**」的概念應該很好理解，當你家裡有 **貴重的** 物品、**珍藏的** 紀念品、**高價的** 古董、**稀有的** 藝術品，需要陳設擺放的時候，那家主肯定會將他們「收藏完好」，不會輕易地就讓小孩、客人可以近距離地去碰觸到它們。「**定界限/設立界限**」的情況和實際經驗特別是在我們去博物館、美術館參觀一些古文物、藝術珍品的時候方能具體感受到，因為作為觀賞者的我們，總是被隔在櫥窗、或封鎖線之外，保持著一定的距離才能觀賞。

[5] 在希伯來聖經裡面，**角聲** 所象徵和代表的是 **王權**，所以通常有新王要「登基即位」的時候，祭司和以色列人要「**吹角**」宣告，例如列王記上 1:34,39『在那裏，祭司撒督和先知拿單要膏他作以色列的王；你們也要 **吹角**，說：『願所羅門王萬歲！』 祭司撒督就從帳幕中取了盛膏油的角來，用膏膏所羅門。人就 **吹角**，眾民都說：「願所羅門王萬歲！」』

「求你和我們說話，我們必聽；

不要上帝和我們說話，恐怕我們死亡。」

希伯來文的「**榮耀** (כָּבוֹד) **glory**」一詞，其字根(כבד) 當形容詞(כָּבֵד) 意思就是 **重的 heavy**.。所以當神 **榮耀**「降臨-臨在」的時候，祂「神聖榮耀」的 **重量** 是我們無法承受的，這就好像是人沒有辦法用肉眼「去直視」太陽，因為太陽的光「太強烈、太耀眼」！

西奈山的這個「**天啟事件**」、耶和華神的「**神聖臨在**」的經歷，在以色列歷史上是一個非常重要且具關鍵核心的民族經驗，正如在上段妥拉<容百姓去>篇講述「出埃及-過紅海」經歷的「**海洋之歌**」，這些內容都是以色列「**集體民族意識**」的結晶體，是被以色列人世代記念和傳頌的，因為這些都是以色列百姓的先祖們「**確實經歷過、真實經驗的**」歷史事件。

如果今天你去問猶太人，到底你們的祖先是不是 **真的** 在西奈山聽到耶和華神對摩西說話的聲音，是不是 **真的** 看見 雷轟-閃電-密雲，是不是 **真的** 聽到這個又高又大的號角聲，猶太人會告訴你: 是的，我們的祖先「**的確經歷**」這一起西奈山的「**天啟事件**」。

正因為以色列有這樣非常獨特，「**第一手**」經歷耶和華神的「**神聖**」經驗 [6]，所以在申命記，摩西告訴以色列百姓說，申 4:32-34：

『你且考察在你以前的世代，

自上帝造人在世以來，從天這邊到天那邊，

曾有何民 聽見上帝 在火中說話的聲音，像你聽見 還能存活呢？

這樣的大事 何曾有、何曾聽見呢？』

『上帝何曾 從別的國中 將一國的人民 領出來，

用 **試驗、神蹟、奇事、爭戰、大能的手，**

和 **伸出來的膀臂，並 大可畏的事，**

像 耶和華－你們的上帝 在埃及，

在你們眼前 為你們 所行的一切事 呢？』

---

[6] 同參《奧秘之鑰-解鎖妥拉: 申命記》No.2 妥拉<我懇求>篇之第四段「獨行奇事的神」。

五、 十誡

十誡 (**עֲשֶׂרֶת הַדִּבְרוֹת**) **The Ten Words.** 按希伯來文直譯為「**十話**」，十句或十條 耶和華神 **所說的**、所告誡的 **話語**。

十誡分為 **兩塊法板 (שְׁנֵי לֻחֹת הָעֵדֻת)** [7]，**第一塊法板** 是 **一到五誡**，**第二塊法板** 為 **六到十誡**。

第一塊法板，從第一誡到第五誡，主要是規範「**上帝 和 人 之間關係**」的內容 為主，所以前面第一誡到第三誡，其實講述的都是以色列百姓要如何來敬拜我這 一位創造天地宇宙萬物的耶和華神。

第一誡，在出 20:2：

> 『我是 **耶和華** 你的上帝，
> 曾將你從埃及地為奴之家領出來。』

אָנֹכִי יְהוָה אֱלֹהֶיךָ
אֲשֶׁר הוֹצֵאתִיךָ מֵאֶרֶץ מִצְרַיִם מִבֵּית עֲבָדִים

在第一誡的經文中，耶和華神並沒有告訴以色列百姓說：我是 **創造天地宇宙萬 物的主**，沒有，因為當耶和華神在「**創造**」宇宙的時候，以色列百姓本身「**並沒 有參與、親歷**」創造的歷程，可是如果提到 **十災、出埃及、過紅海** 的事件，那 這是在每個以色列百姓的生命中，都曾「**親身經歷過**」的重大事件。

因此，第一誡，耶和華神「**直接破題、直截了當地**」告訴以色列人，**出埃及** 這 個事情，乃是我耶和華神一手成就的，是我「**大能的手**」施展在埃及，是我「**審 判**」埃及一切的諸神，是我耶和華神「**容你們以色列人離去**」，使你們得以平安 地離開埃及的。

---

[7] 「**兩塊法板 (שְׁנֵי לֻחֹת הָעֵדֻת)**」這個詞組，出現在 出 31:18, 32:15 這兩處經文，按希伯來文 直譯為「**兩塊見證的石板**」，翻成英文就是: **The two Tablets of Testimony.** 這個希伯來文的詞 組最重要的就是最後一個字「**(הָעֵדֻת) 見證 Testimony**」，因為 **十誡** 的出現正是要表明、**見 證**，以色列在西奈山遭遇「**神聖臨在**」的天啟事件是真實發生的歷史事件，同時也 **見證** 耶 和華神和以色列 **立約** 的憑據。因此，十誡 (**兩塊見證的石板**) 就是一個最堅不可摧的有力 **證據、證物**！

這樣，耶和華神才能正當地宣稱『我是耶和華 **你們的 上帝！**』 耶和華神的權威、耶和華神作為你們的上帝，這個命題的「合法性」正是建基於 **出埃及** 這件事情上。因此，當這個命題和權威「被建立起來」，當你們以色列人「都承認」 **我耶和華神 是你們的神** 的時候，那接下來我耶和華神所頒布的法度-律例-典章，你們百姓也才能夠、願意接受。所以，**第一條誡命**，是一個首要的大前提。

第二誡，在出 20:3：

『除了我以外，你不可有別的神。
不可為自己 雕刻偶像，
也不可做 **任何形像** 彷彿上天、下地，和地底下、水中的百物。
不可跪拜那些像，也不可事奉它。』

לֹא-יִהְיֶה לְךָ אֱלֹהִים אֲחֵרִים עַל-פָּנָי.
לֹא-תַעֲשֶׂה לְךָ פֶסֶל
וְכָל-תְּמוּנָה אֲשֶׁר בַּשָּׁמַיִם מִמַּעַל וַאֲשֶׁר בָּאָרֶץ מִתָּחַת וַאֲשֶׁר בַּמַּיִם, מִתַּחַת לָאָרֶץ.
לֹא-תִשְׁתַּחֲוֶה לָהֶם וְלֹא תָעָבְדֵם.

接續的第二條誡命，耶和華神在講述他自己是「一個什麼樣的神」，他乃是一個「沒有形象」的神，是我們有限的人肉眼所「看不見」的神 [8]，所以人不可以去雕刻「一個具體的像」，然後就說這個像「代表」耶和華神，這是不可以的，更何況根本就沒有任何人肉眼「看見過」神的本體，那又如何可能去雕塑一個「看起來像」耶和華神的「神像」？

第二條誡命，其實也是和 **埃及** 的那些「**自然神論**」、「**多神崇拜**」有關係的，因為昔日在埃及的時候，以色列百姓肯定知道那些神，像是: 青蛙之神、尼羅河神、貓頭鷹神、死神……等等，這些埃及的神偶，每一個都有屬於牠的一個圖騰、一個雕像。因此，如果人也把耶和華神造了「一尊像」，那這豈不是人把我耶和華神的地位和「這些受造物」變成同一個水平？ **因為這些埃及的「神像」，都不過是在「臨摹」我所「創造」的天地宇宙萬物，而我耶和華神乃是創造一切萬物的「偉大創造者」。**

此外，不可雕刻神像這件事，也是要告誡以色列百姓，你們不可以用周邊民族通用流俗，也就是那些「人的方式」來敬拜我耶和華神，理由是: 因為當一個很厲害的一個雕刻師或工匠師，他雕塑了一個很漂亮的神像的時候，那所有的人都會

---

[8] 出埃及記 33:20『因為 **人見我的面 不能存活。**』、約翰福音 1:18『 **從來沒有人看見神**，只有在父懷裡的獨生子將他表明出來。 』、羅馬書 1:20『自從造天地以來，**神的永能** 和 **神性** 是明明可知的，雖是 **眼不能見**，但藉著所造之物就可以曉得，叫人無可推諉。』、歌羅西書 1:15『愛子是 **那不能看見之 (耶和華) 神** 的像，是首生的，在一切被造的以先。』

說這個像它是品質最好的一個神像，因此就給這個神像「開光」，它就成為一個有法力的神像。

上述這樣的狀況，會導致日後大家若要買神像時，就只願意來我這個店面，跟我買「**我雕刻的神像**」，因為其他的店、其他的工匠師-雕刻師的神像，都不及我的水平，這個時候，這個神像就會有「壟斷」的現象發生，這個「壟斷性」會致使人們或百姓「去崇拜」這一個精美的雕像，或者說，「去崇拜」雕刻這個像的工匠師。

耶和華神，不要讓上面這樣的事情發生，所以，第二條誡命是要教導以色列百姓，你們現在所認識的這一位神，祂是沒有形象的，所以你們不可以 (事實上也無法) 用「物質的媒介」去描繪祂，不可以用「物資的媒介」去親近祂或敬拜祂，你們乃是要透過的是一個「精神性的媒介」，也就是 **話語-神的話語** [9]，你們是透過「**聽**」[10] 耶和華神的話，來認識、理解、敬拜這位上帝。

接著，我們跳到第五誡，在出 20:12：

『當 **孝敬** 父母 』

כַּבֵּד אֶת-אָבִיךָ וְאֶת-אִמֶּךָ

中文翻譯的「孝敬」希伯來文是用 (כַּבֵּד) 這個命令式的動詞，這個動詞裡面的字根 (כבד) 前文提過是「**重的、具有重量的**」，所以孝敬父母，意思也就是說要**把父母看得 有重量、有份量，要把他們看得 很重要**。

前文已述，第一塊法板，從第一誡到第五誡，主要是規範「上帝和人之間關係」的內容，但為什麼這裡把第五誡「孝敬父母」放在第一塊法板當中，這是因為我們的父母，其實是神在這個地上，所為我們設立的一個「監督者、代理監護人」，父母親就好像父神一樣，父神祂愛我們，就像是我們的父母親愛我們一樣。所以做兒女的，若是能「敬畏」耶和華神，那他/她理應會「孝敬」耶和華神所為這個兒女設立的監護者:父母親。

從另一個角度來說，第一塊法版的前面四誡，主要是關於「敬拜-敬畏耶和華神」的認識和教導，若沒有這裡第五誡、兒女願意「**孝敬-聽命**」父母的教導，那前四誡的內容是無法實踐出來的，因為以色列、猶太人的信仰傳承都是透過 **家庭**教育而延續下來，所以如果今天以色列百姓族長們的這些「珍貴屬靈的產業」，沒有「**孝順-願意受教**」的兒女們來傳承，那神聖產業 (神的話、真理、聖法) 是

---

[9] 所以這也就是為什麼「十誡」在希伯來原文其實叫做「十話」(עֲשֶׂרֶת הַדִּיבְּרוֹת) The Ten Words
[10] 這讓我們想到申命記 6:4 的經文『**聽啊！**，以色列，耶和華我們的神，是獨一的主。』

無法被傳遞下來。所以，這樣看來，**敬重父母**，也是第一塊法版前面四誡，能夠被實踐出來的一個大前提。

接著來看十誡的 **第二塊法板**，主要是「規範 人 和 人 之間的 正當關係」，這些內容，基本上就是人類「普世倫理的共同道德基礎/底線」，也就是一切倫理道德的 **母法**。

第六誡，在出 20:13：

『不可 殺人。』

לֹא תִרְצָח

人是按著神的形象和樣式造的，若是「殺人」那就是等同在「**詆毀-破壞**」甚至「**褻瀆**」神的形象。

第七誡，在出 20:14：

『不可 姦淫。』

לֹא תִנְאָף

這個姦淫，指的就是「**不當的性關係**」，所導致的「背叛」婚姻，破壞「婚約」。在利未記裡面可以看到，耶和華神對於姦淫、亂倫有非常嚴厲的規範。[11]

第八誡，在出 20:15：

『不可 偷盜。』

לֹא תִגְנֹב

這個偷盜，在猶太解經的傳統，更多指的是: 不可以當 **人口販子** 去作這個「偷」人、去「**拐賣**」人口的活動和工作，因為這是澈底侵犯一個人最基本生存的 **自由權、自主選擇權**。

第九誡，在出 20:16：

『不可 **作假見證** 陷害人。』

לֹא-תַעֲנֶה בְרֵעֲךָ עֵד שָׁקֶר.

---

[11]　參《奧秘之鑰-解鎖妥拉:利未記》No.7 妥拉<成聖>篇之第三段「根源性的罪」。

也就是「禁止**說謊**」，禁止用謊言、虛假之詞來陷害他人，致使身家財產、甚至性命安危受到傷害。

最後一誡，第十誡，在出 20:17：

『不可 **貪戀** 人的房屋；也不可貪戀人的妻子、僕婢、牛驢，並他一切所有的。』
לֹא-**תַחְמֹד** אֵשֶׁת רֵעֶךָ וְעַבְדּוֹ וַאֲמָתוֹ וְשׁוֹרוֹ וַחֲמֹרוֹ וְכֹל, אֲשֶׁר לְרֵעֶךָ

最後這一誡，簡單說，就是禁止貪戀、貪求、嫉妒「**不屬於** 自己」的親密關係、財產、東西、物品。

待耶和華神把十誡頒布完、「說」完以後，接下來的經文又回到「**恐怖顫慄**」的場景，在出埃及記 20:18-21 節這段經文的描述。出 20:20 摩西對百姓說：

『不要懼怕；因為上帝降臨是要試驗你們，
叫你們時常 **敬畏衪，不致犯罪。** 』

是的，很多時候人之所以會不聽神的話，會如此 (輕易地) 犯罪，那是因為我們不把神當一回事，不「**敬畏**」神、不害怕神。希伯來文的「**敬畏**」(**יָרֵא**) 一詞，更好地翻譯應該是「**畏懼 fear.**」，所以「敬畏」裡面，是帶著「**恐懼顫驚**」的態度。

耶和華神除了有衪「**守約-施慈愛**」的一面，當然衪也有「**公義審判**」的那一個面向，這是為要讓我們對衪「**心存敬畏**」。這也就是為什麼以色列百姓在經歷耶和華神 **出埃及** 的「**恩典救贖**」之後，必須還要來到 **西奈山**，親臨耶和華神「**威嚴神顯**」的 **十誡**頒布。

因為，以色列百姓出埃及，並不是就成為一群「放蕩不羈、胡作非為、自由放縱」的烏合之眾，他們乃是 **耶和華的軍隊**，是「井然有序」的百姓，要受到 **神聖的教導、真理的規範**，要開始學習耶和華神一切的律例、法度、典章，因此下段妥拉的標題，正好就是<典章>篇。

問題與討論:

1. 以色列百姓「**出埃及**」這個事件,這個在當時堪稱是頭條新聞的大事,外界的反應是如何的? **法老** 的反應和作為是什麼? **亞瑪力人** 的反應為何?以及,他們為什麼會有這樣的反應?

2. <**葉忒羅**>在聽聞摩西講述「出埃及」的事件之後,他的反應為何? 另外,<**葉忒羅**>的反應給以色列百姓帶來什麼樣的效應和影響?

3. 出埃及記 18:13『第二天,摩西坐著 **審判** 百姓,百姓 **從早到晚** 都站在摩西的左右。』然後,<**葉忒羅**>給了摩西什麼樣的建議,可以「更好地來管理」百姓? 再者,如果你身為一個屬靈領袖,你是否願意聆聽,願意謙卑,願意「放下自己」,願意去承認自己的不足和軟弱?

4. 耶和華神「**神聖臨在**」在西奈山,以及向以色列百姓「**強力顯現**」的目的和用意為何? 另外,什麼叫「**神聖**」,請具體說明「**神聖**」的概念。

5. **十誡 (עֲשֶׂרֶת הַדִּיבְּרוֹת)** 的希伯來文是什麼意思?**兩塊法板 (שְׁנֵי לֻחֹת הָעֵדֻת)** 的希伯來原文又是什麼意思? 最後,請論述出 **十誡** 的重點,以及 **十誡** 為何如此重要。

出埃及記 **No.6** 妥拉

<典章>篇 (*פרשת משפטים*)

本段妥拉摘要：

出埃及記第六段妥拉，標題<典章>，希伯來文(*מִשְׁפָּטִים*)。

在上段妥拉<葉忒羅>篇提到，摩西從早到晚，都在審理、判決百姓的民事紛爭，都在斷案。<葉忒羅>看到這樣的狀況，就向摩西建議，從百姓中挑選千夫長、百夫長、五十夫長、十夫長，來授權-分層管理百姓，叫他們隨時審判百姓。但問題是，百姓民事審判的「依據、法源和法條」從哪裡來，這就是出埃及記第六段妥拉<典章>篇所要回答，並提供的。

另一方面，由於以色列百姓都願意接受 **十誡**，十誡是耶和華神一切聖法的「大前提、母法」，並且也向耶和華神答覆說『凡耶和華神所吩咐的，我們都必遵行。』，之後，耶和華神才能在本段妥拉<典章>篇，接續提出更多審理「民事案件」或「民事侵權」之審判律法……等等的這些林林總總的審判的條例，也就是所謂 **十誡** 的「子法、施行細則」。

在<典章>篇這段妥拉中所羅列的這些諸多法條，其實可以看做是 **十誡的下集，**或具體地說，也就是 **第十誡、不可貪戀** 的 **延伸**。因為這些民事法的頒布，目的就是要讓百姓知道，什麼叫做「**他人的權利和財產**」之界線，以及定義，而人們不可以隨意地貪戀和侵犯。

如此，經過十誡這個母法，以及<典章>篇的民事法在以色列百姓中，所架構出的一套具有公平、正義的法律系統，才能夠給這個剛出埃及、剛誕生的這個以色列民族團體，帶來國家的存續和健全，以及社會的穩定。

出埃及記 No.6 妥拉 <典章> 篇（פרשת משפטים）

經文段落：《出埃及記》21:1 - 24:18
先知書伴讀：《耶利米書》34:8-22、33:25-26
詩篇伴讀: 72 篇
新約伴讀：《馬太福音》5:38-42, 15:1-20、《哥羅西書》3:1-25、《希伯來書》9:15-22

一、 十誡的下集

出埃及記第六段妥拉標題<典章>。經文段落從出埃及記 21 章 1 節到 24 章 18 節。
<典章>這個標題，在出 21:1 節，按原文直譯:

> 『這些 典章 是你要 立在 (放置在) 百姓面前的。』
> וְאֵלֶּה הַמִּשְׁפָּטִים אֲשֶׁר תָּשִׂים לִפְנֵיהֶם

這段妥拉的標題: <典章> (מִשְׁפָּטִים) 就是希伯來經文出 21:1 節的第二個字，這個字 (מִשְׁפָּטִים) 就是出埃及記第六段妥拉的標題。

<典章>這個字的具體意涵，從其字根 (שפט) 來看，和 **審判、判決、審判官、司法、法律……**等等的字詞概念具有直接的關係。的確，在<典章>篇這段妥拉的經文中，出現了許多審理、判決民事案件的法條、條例。

在上面出 21:1 節的經文中，透過「**立在/放置在(תָּשִׂים)**」的這個動詞，好似描繪出一幅畫面，就是: 摩西將這些律法、條例、**典章** >「擺放、放置在」百姓面前，整個攤開，一條一條地、羅列、鋪平在桌上，在百姓面前，完完整整、清清楚楚的。

上段妥拉<葉忒羅>篇，在出埃及記 18 章那裏提到，摩西從早到晚，都在審理、判決百姓的民事紛爭，都在斷案。<葉忒羅>看到這樣的狀況，就向摩西建議，從百姓中挑選千夫長、百夫長、五十夫長、十夫長，來「授權-分層」管理百姓，叫他們隨時審判百姓。但問題是，審判的依據、法源和法條從哪裡來，這就是本段妥拉<典章>篇所要回答，並提供的。

在<典章>篇這段妥拉中，耶和華神向以色列百姓頒布的這些<典章>條例，看似細碎繁瑣，但如果我們仔細思量這些法條，會發現其背後所展現出 一股維護社會公平、正義的強大精神和力量。因為，一個國家的存續和健全、社會的穩定，(特別是對這個剛出埃及、剛剛該誕生的這個以色列民族團體) 端賴一套具有公平、正義 的 法律系統架構。

不過，在上段妥拉<葉忒羅>篇的主幹，出埃及記 19-20 章的經文描述中，以色列百姓還經歷著，這個在他們生命中，前所未有的一個「極端崇高-神聖」的經驗，聽見、看見各樣的異象，耶和華神在西奈山顯現，並領受 十誡。但來到本段妥拉<典章>篇，卻又好像立刻、瞬間掉到地上、墜入凡間，回歸到「日常生活」的芝麻綠豆小事，處理的盡都是些非常世俗、毫不起眼的事務。

猶太先賢們認為，妥拉這樣的鋪陳和編排: 也就是，將 崇高神聖的西奈山、領受十誡的天啟經驗，和本段妥拉的 回歸日常生活、世俗的民事法條 接續地「放在一起」，為的是要教導以色列百姓，你們不要進入到「超然-神聖」的領域中，就忘記你在「地上-俗世」的生活，就不管你的家庭、工作、和朋友了。因為人不僅是和神建立關係，也需要和你生活周遭的人維繫良好正常的互動。

這就好比說，一個基督徒，不是只有「主日去教會」的時候，才是個基督徒，他「走出教堂，回到家，回歸日常生活」的時候，就不是一個基督徒了。

事實上，對猶太人來說，人的生活，不存在 神聖 與 世俗 的分界。宗教信仰、神聖，乃是「滲透到」我們生活的「各個方面」、規範著生活的「每個領域」。[1]

回到本段妥拉開篇的第一節，最前面的兩個字「(וְאֵלֶּה הַמִּשְׁפָּטִים) 這些典章」，第一個字前面有一個 連接詞 (וֹ) (and)，和 的意思，這就清楚地表明本段妥拉的世俗民事法，和前面的 十誡 及 祭壇 有著連接、延續的關係。他們兩者都是在西奈山一起頒步的。

從頒布的先後順序來看，我們可以說，十誡為母法，當以色列百姓接受這個大前提、這一個母法後，耶和華神才在本段的妥拉中，接著提出更多審理民事案件或民事侵權之審判律法，這些民事相關的審判條例就是所謂十誡的子法、施行細則。

---

[1] 關於此點，看利未記最清楚不過了，耶和華神的聖法，小至婦女懷孕、新生兒的出生、飲食、婚姻，大至經濟、社會、國家都有所規範。耶和華神的聖法乃是「統攝」生活的每個方面，其目的乃是要告訴世人，神對於人類生活的「要求」是什麼，亦即怎麼樣的生活才是 聖潔的，怎麼樣的生活，整體的社會和國家才是符合 真理、公平、正義 的，所以耶和華神透過一個具體的民族: 以色列 要來嘗試「首度建立」神的國 在地上。

所以，本段妥拉<典章>篇，在猶太的解經傳統，有時被稱為 **十誡的下集**，或是 **第十誡、不可貪戀的 延伸**。因為頒布諸多的民事法，目的就是要讓我們知道，何謂 **他人的權利和財產** 之界線和定義，而我們 **不得 隨意貪戀、侵犯之**。

二、 從「奴隸」談起

在本段妥拉，也就是摩西五經/妥拉的民法<典章>當中，很獨特的是，在眾多條例裡，經文特意從 **最卑賤、最低下的奴隸 條例 開始談起**，為什麼？ 因為這是一個 **最容易被踐踏的、最容易被侵犯、最被藐視輕忽的** (奴隸)人權，人的罪性(慣性) 就是喜歡欺負弱小。這表明，一般最被人忽略的小事，神反而最在乎。

另外，<典章>篇從 **奴隸** 開始談起，這也是要提醒以色列百姓，因著耶和華神的恩典和救贖，你們以色列百姓才得以離開埃及，脫離「為奴」之地，從一個奴隸的身分，轉變為自由身。所以，你們以色列百姓不要忘記 為奴之苦，你們其實原本也是奴隸，而現在開始享有身為一個 人的尊嚴和權利，乃是上帝給你們的恩典和禮物。

所以，你們以色列人不可按照自己的意思、「隨意苦待-壓迫」奴隸。奴隸也是人，不是勞動工具或物件。因此，本段妥拉一開始，就規範並保障 **奴隸** 身為人的權利及相關條例，例如：

1. 奴隸的年限 **最多六年，第七年 (安息年) 可以自由、白白地出去**。所以，就是說，儘管主人當時「所費不貲地購買」這個奴僕，但第七年一到，主人必須「無條件釋放」奴僕。出 21:2：

> 『你若買希伯來人作奴僕，他必服事你六年；
> **第七年** 他可以 **自由，白白地出去**。』

2. 當奴隸受到 **不當對待、管教、體罰**，則可以 **立刻得到釋放**，完全免除來自主人施加的身心壓力。這則條例乃是要告誡奴隸的主人「不可惡待」奴隸，主人要是對奴隸的身體或器官造成永久性傷害，則必須被無條件釋放。 出 21:26-27：

『人若 **打壞了** 他奴僕或是婢女的 **一隻眼**，
就要因他的眼 **放他去** 得以自由。
若 **打掉了** 他奴僕或是婢女的 **一個牙**，
就要因他的牙 **放他去** 得以自由。』

3. 女奴受到不當待遇時，可以不用錢贖，就白白地出去。出 21:7-11：

『人若賣女兒作婢女，主人若選定她給自己的兒子，就當待她如同女兒。
若另娶一個，那女子 (婢女) 的吃食、衣服，並好合的事，仍不可減少。
若不向她行這三樣，她就可以 **不用錢贖，白白地出去。** 』

人本是按著「神的形象」所造的，每個人都是。不管你是猶太人或外邦人，是寄居的或本地的，是有錢的或貧窮的，是家庭健全或孤兒寡母，在神面前，人人平等。**每個人的自由和權利，都是神所要維護、保障的對象**，特別是 **孤苦無依** 的 **弱勢族群**，底下我們來看幾處條例：

1. 出 21:28『 **牛若 觸死 男人或是女人**，總要用石頭打死那牛，卻不可吃牠的肉；牛的主人可算無罪。』這則條例表明 **人的身體、生命，神聖不可侵犯**，就算是動物所造成的人命損傷，這頭肇事的牛，也要以命償命。另外，也藉此警告牲畜的主人，若不嚴加看管你的牲畜，以致傷人，那麼你將會損失你的財產(牲畜)。

2. 關於苦待-欺壓 **寄居的、寡婦** 與 **孤兒**，這一類最容易受到侵犯的弱勢群體，耶和華神也一再重申並告誡以色列百姓:『因為你們也曾在埃及地,做過寄居的,知道寄居者的心，了解寄居者的孤苦無依。』出 22:21。

另外，在本段妥拉諸多的法條中，耶和華神也特意用「**最嚴厲的口吻**」提到無故欺壓、侵犯孤兒寡婦者所招致的懲處和後果，出 22:22-24：

『不可苦待 寡婦和孤兒；
若是苦待他們一點，他們向我一哀求，
我總要聽他們的哀聲，並要發烈怒，用刀殺你們，
使你們的妻子為寡婦，兒女為孤兒。』

這表明，雖然孤兒寡婦，在這個世界上孤苦無依，沒有任何保護，以致容易遭受欺壓，但耶和華神會親自做他們的護衛，若有人侵犯，神會替他們申冤，並且執行公義的審判。

從以上這些條例的幾個例子，可以看出，神透過這些律例<典章>的頒布和訂定，表明耶和華神是一位施行**公平**、**正義**、發 **慈愛** 和 **憐憫** 的神。

三、 「不斷上升」的結構

常說:『**修身、齊家、治國、平天下**』，如果細看本段<典章>篇妥拉的結構，從21 章、22 章、23 章，再來到 24 章，<典章>篇的這些細瑣的法條，大致上也是據此來開展的。在經文的鋪陳和排列中，我們會發現律法<典章>所規範的程度和範圍，不斷地上升及擴大。

首先是起始處的 21 章，從個人，地位最下層、最卑微的 **奴隸** 開始講起，
21 章 12 節開始講述 **普通的人身傷害**。
22 章開始擴及身體、生命之外的**物品、財產、財產保護法**。
22 章後半到 23 章前面的經文，所涉及的法條層面又更擴大的 **社會的公平正義**。
23 章 10-12 又進一步上升到 **國家產業** (農業) 的運作結構和 **自然環境** 的保護及永續發展，也就是全國性的農耕，必須恪守第七年為 **安息年** 的 **休耕法案**。
最後，23 章 14 節開始，來到律法的「最高層級」: 進入到**信仰**、**神聖**的領域，在這裡，明定一年三次，以色列百姓要向耶和華神守的 **三大節期**: 除酵節(無酵節)、收割節(五旬節)、收藏節(住棚節)。

以上所說，就是在<典章>篇這段妥拉所發現的，有一種法的層級「不斷上升」和層面「不斷擴大」的結構。這樣的經文排序，似乎也在暗示或表明，當摩西在教導以色列百姓，認識、學習並且應用這些法條時，先從最簡單的、涵蓋層面最小的、處理議題最關切己身的法律來進行，然後一步步進階上升到法源，也就是律法的來源: 宗教、神聖之條例，知道，**原來制定這一切法條的，乃是耶和華神，律法之公平和正義的權威基礎，正是來自於 耶和華**。

律法「背後的權威基礎」是至關重要的，這是為什麼耶和華神要在西奈山威嚴又強烈的顯現，為什麼律法結構的發展，必需要逐步走向、「不斷上升」到宗教、神聖之條例，正如摩西所說的『不要懼怕；因為上帝降臨是要試驗你們，叫你們**時常敬畏祂**，不致犯罪。出 20:20』

因為如果百姓「不認為」這些法條的背後，**有任何的權柄和效力**，或者，不清楚

法的來源，是來自 耶和華神，那麼百姓自然會胡作非為，不受這法的約束，或者，百姓、官長可以「隨意訂定」法條，來符合某些人、特殊人群、或一群既得利益者的律法。那這將會導致社會的不公不義、社會的敗壞。

所以，以色列百姓在出埃及後的第三個月，耶和華神很快地，向他們頒布律法、<典章>，為的是要讓他們趕快脫離無政府、無法律約束的一種，我們說，野孩子的蠻荒狀態，讓他們成為一個 有法度、有紀律、持守 公平、正義 的民族團體: 以色列，因為，你們以色列有個特殊使命，要成為「列國的光」。[2]

為了讓整個以色列民族團體，得以進入到一個「完整健全、永續發展」的一個結構和運作模式中，涉及到「全國性」運作的法條，如: 安息年、以及 三大節期 的條例，就必須要被切實執行，因為這些條例正是讓以色列得以進入「完整健全、永續發展」狀態的關鍵條例。這也就是為什麼，在本段妥拉<典章>篇，安息年，以及三大節期會被安置在「最高層級」，也就是耶和華「神聖權威」具體展現的條例，並且在妥拉中「首次被提到」的原因。

而以色列百姓必須遵守 安息日、安息年、三大節期，這除了表明百姓承認 耶和華神的主權 之外，最重要的還是，遵守這樣的 節期時間表 可以讓百姓 在農耕上帶來實質的豐收。因此，在出 23:16 的經文描述，五旬節叫 收割節 (חַג הַקָּצִיר)。住棚節被稱為 收藏節 (חַג הָאָסִף)。

作一個小結，以色列的立國根基，他運作的基礎，其「永續發展」的源由，正是來自於安息日、安息年、以及三大節期的時間結構 [3]，這個我們說耶和華所設立的獨特的神聖時間表，在本段妥拉<典章>篇來說，其涵蓋面是「最廣的」，因為它是「全國性的」，層級也是「最高的」，因為神要以色列百姓，在這三大節期，帶初熟之物來朝見祂。

---

[2] 以賽亞書 42:6 『我－耶和華憑公義召你，必攙扶你的手，保守你，使你作眾民的中保，作 外邦人(列國) 的光 (אוֹר גּוֹיִם)。』、以賽亞書 49:6『我還要使你作 列邦的光 (אוֹר גּוֹיִם)，　叫你施行我的救恩，直到地極。』

[3] 關於「節期」對於以色列的重要性及其功能，另參《奧秘之鑰-解鎖妥拉:利未記》No.8 妥拉<訴說>篇之第一段「做見證的節期」、第二段「節期的功能」、第三段「以神為中心」、第四段「七與誓約」。關於「安息年」，另參《奧秘之鑰-解鎖妥拉:利未記》No.9 妥拉<在西奈山>篇之第二段「安息年」。

四、 <典章>律例的「保護」

這段妥拉<**典章**>篇,其中所羅列,琳瑯滿目的條例,目的是為了什麼? 很簡單,目的是為了讓以色列百姓得益處、滿滿的好處,目的是為了讓他們將來進入應許之地可以過「得聖-成聖」的生活。

以色列百姓若是守護,並遵行 (從 21-23 章) 這一套耶和華神所頒布的<**典章**>、這一切的律例,並按著這套公平、正義的十誡聖法、以及民事法來執行各樣的判決,那麼結果就是:你們以色列就可以攻無不克、戰無不勝、就能得地為業、可以在耶和華神所賞賜給你們土地上,得享國泰民安、風調雨順、百姓身強體壯、延年益壽。以上,可以說,就是出埃及記 23 章 20 節,一直到 23 章最後結尾的經文摘要。

出 23:20『看哪,我差遣使者在你前面,在路上保護你,領你到 **我所(已經)預備的地方** 去。』希伯來原文 (**אֶל-הַמָּקוֹם אֲשֶׁר הֲכִנֹתִי**) 『**我所已經預備的地方**』,句子裡面的動詞「**預備**」(**הֲכִנֹתִי**) 是一個「完成式」動詞,意思是說: 已經實實在在地準備好、預備好了,就等你們以色列人進來入住。這個就是守護、遵行<**典章**>所享有的特權。在你行走的道路上,有隨身的保鏢,在前頭護衛你。

然而,在享有這一切特權的同時,有一個必要的前提必須做到,這個前提和條件也是整本妥拉裡,再三重複出現地警告,就是:**不可以隨從異邦的風俗 去拜偶像**。出 23:24:

> 『你 **不可 跪拜** 他們的神,
> **不可 事奉** 他,
> 也 **不可 效法** 他們的行為,
> 卻要把神像 **盡行拆毀,打碎** 他們的柱像。』

經文用這三個動詞: **跪拜(תִשְׁתַּחֲוֶה)、侍奉(תָעָבְדֵם)、效法(תַעֲשֶׂה כְּמַעֲשֵׂיהֶם)**,前後環環相扣,由一個接著衍生另一個所引發出來的動作。

神洞悉人性,祂知道以色列百姓會敵擋不住外邦神像的誘惑,所以,在他們還在曠野的時候,尚未進入迦南地前,就已經千叮嚀、萬交代、諄諄告誡,結果,後來以色列百姓進入迦南地,還是犯罪,去拜迦南的諸神,拜巴力、拜亞斯她錄。因此,這裡經文用一種非常積極、甚至具有攻擊性、侵略性的口吻來訓誡以色列百姓:『要把 (外邦/迦南地的) 神像 **盡行拆毀,打碎** 他們的柱像。』

出埃及記 23 章的末尾，出 23:32-33：

『不可和他們並他們的神立約。
他們不可住在你的地上，恐怕他們使你得罪我。
你若事奉他們的神，這必成為你的「**網羅/地雷 (מוֹקֵשׁ)**」。』

宗教具有一種「統合」的力量，是一個世界觀的建構，是一種意識型態的體系，由此一精神體系可以發展出，得以規範人類生活各個面向的法律、政治、思想、倫理道德、曆法、節期、風俗習慣、行為模式……等等。

因此拜偶像、承認耶和華以外的他神 (別的神) 的權柄，這就意味著，你也認可另外一套價值觀、屈服於另外一套律法、順從另外一種倫理，過另一種生活方式，這樣的結果，很自然地，會讓原來既有的宗教系統、價值體系失去效力，並逐漸崩落。

所以，**拜偶像**，乃是一種「**根源性的罪**」[4]，在耶和華神眼中被看為「**屬靈的淫亂**」，是嚴重的死罪。正如本段妥拉，出 22:20 所說：

『祭祀別神，不單單祭祀耶和華的，
那人必要滅絕。』

五、 <典章>背後的「神聖權威」

<典章>篇這段妥拉的最後一章，出埃及記第 24 章，是耶和華神和以色列百姓，雙方彼此立約、簽訂合議書，用以表示和證明: 以色列百姓在領受十誡聖法，和所有頒布的<典章>、民事法之後，都願意欣然接受，百姓齊聲說，出 24:3：

『耶和華所吩咐的，**我們都必遵行**。』

然後摩西築了一座壇，按以色列 十二支派，立 十二根柱子，表明大家 同心合一、**團結一致**，都接受上帝的盟約和一切律例<典章>。接著摩西打發以色列人中的少年人去獻燔祭，和平安祭。到這裡，我們才看到，這是以色列百姓離開埃

---

[4] 同參《奧秘之鑰-解鎖妥拉:利未記》No.7 妥拉<成聖>篇之第三段「根源性的罪」。

及，在曠野，第一次所獻的祭。而在上一段妥拉，<葉忒羅>早已承認耶和華神的權柄和偉大，向神獻祭。

出 24:8 節，摩西將血灑在百姓身上，說：

> 「你看！這是 立約的血 (דַּם-הַבְּרִית)，[5]
> 是耶和華按 這一切話 與你們 立約 的憑據。」

完成「立約」的動作以後，耶和華神似乎很高興，就邀請摩西、亞倫、拿達、亞比戶並以色列長老中的七十人都上山一同坐席。出 24:9-11：

> 『摩西、亞倫、拿答、亞比戶，並以色列長老中的七十人，都上了山。
> 他們看見 以色列的上帝 (אֱלֹהֵי יִשְׂרָאֵל)，
> 祂腳下彷彿有平鋪的藍寶石，如同天色明淨。
> 祂的手不加害在以色列的尊者身上。
> 他們觀看上帝；他們又吃又喝。』

這一幅 與神同坐、同吃喝 的和諧愉悅的景象，和西奈山的密雲、雷轟、閃電、號角聲，形成一個強烈的對比。在西奈山，耶和華的顯現讓眾民都發顫，遠遠地站立，並且他們對摩西說:不要耶和華神和我們說話，恐怕我們死亡。出 20:18-19

猶太先賢，論到這個耶和華腳下有平鋪的 藍寶石磚 (לְבְנַת הַסַּפִּיר) 時，說: 耶和華神在以色列百姓，在埃及為奴受苦期間，就一直把這塊藍寶石磚放置在腳下，是為了要提醒自己，有一天，以色列人再也「不需要」替法老 用草做磚，因為我耶和華神會讓你們百姓 出埃及、得自由，我要讓你們看到我腳下鋪平，那為著「記念你們」以色列百姓的 藍寶石磚！ 本段妥拉的最後，出 24:15-18：

> 『摩西上山，有雲彩把山遮蓋。
> 耶和華的榮耀 (כְּבוֹד-יְהוָה) 停於西奈山；
> 雲彩遮蓋山六天，第七天他從雲中召摩西。
> 耶和華的榮耀 (כְּבוֹד-יְהוָה)[6] 在山頂上，
> 在以色列人眼前，形狀如 烈火 (אֵשׁ אֹכֶלֶת)。
> 摩西進入雲中上山，在山上四十晝夜。』

---

[5] 這讓我們想到耶穌在最後的晚餐對門徒所說的：『這杯是用 我血 所立的新約，是為你們流出來的。』路加福音 22:20。

[6] 耶和華的榮耀 (כְּבוֹד-יְהוָה) 這個詞組在會幕被立起來的時候，還會再次頻繁地出現，見出埃及記 40:34-35。

出 24:15-18 這幾節經文，給<典章>篇這段妥拉，畫下一個完美句點。

這樣一幅畫面和景象，乃是為了「更強化」以色列百姓對耶和華神 權柄的認可和敬畏，也「更鞏固」律法和典章的權威性，也就是不論是十誡，或民事<典章>，其背後的「終極權威和效力」都是來自於耶和華神，因此，其 法源 所具有的「神聖性、絕對性」是不容被懷疑的。

如果法源，也就是這套法律<典章>背後來源的「絕對權威」被豎立、確立以後，那麼，要求以色列百姓，切實地去遵守並執行這套律法: 耶和華神所頒布的一切條例，就不是太大的問題。

而當以色列社會內部，都遵照神的意思，按著 公平、正義 的原則，來做任何的審判 [7]、判決，那麼，這就會給人民帶來 社會的穩固、人心的安定。這也就如出 18:23 所描述的:

『你若這樣行，上帝也這樣吩咐你，你就能受得住，
這百姓也都 平平安安，歸回他們的住處 (עַל-מְקֹמוֹ יָבֹא בְשָׁלוֹם)。』

因為，說到底，這些律例<典章>的設置，其本意和背後的精神，乃是耶和華神要給以色列百姓帶來保護和平安的。

---

[7] 審判 (שפט) 這個動詞的字根就是<典章>(משפט)。因此，耶和華神設立一切的律例<典章>，為的就是要以色列人(將來的政府、統治集團) 公正地來「審判」百姓的一切案件。

<u>問題與討論:</u>

1. 出埃及記第六段妥拉標題<**典章**>，希伯來文(מִשְׁפָּטִים)，這個字從當中的字根 (שפט) 來看，還有哪些相關的意涵？ 另外，為何耶和華神要向以色列百姓頒布這些細碎繁瑣<**典章**>條例？

2. 在摩西五經/妥拉的民法<**典章**>當中，很獨特的是，在眾多條例裡，經文特意從 **最卑賤、最低下的奴隸** 條例 開始談起，為什麼？

3. 如果細看<**典章**>篇妥拉的結構，從 21 到 24 章，<**典章**>篇的這些細瑣的法條在經文的鋪陳和排列中，呈現出了一個什麼樣的結構？ 另外，涉及到「**全國性**」運作的法條有哪些，以及這些法條為何如此重要？

4. 出 23:24：『你 **不可 跪拜** 他們的神，**不可 事奉** 他，也 **不可 效法** 他們的行為，卻要把神像 盡行拆毀，打碎 他們的柱像。』為什麼在整本妥拉裡，再三重複出現這樣地警告，就是:**不可隨從異邦的風俗 去拜偶像**？ 拜偶像的「**嚴重性**」在哪裡？

5. <**典章**>篇結尾的經文在 出 24:15-18：『摩西上山，有雲彩把山遮蓋。**耶和華的榮耀** 停於西奈山；雲彩遮蓋山六天，第七天他從雲中召摩西。**耶和華的榮耀** 在山頂上，在以色列人眼前，形狀如 **烈火**。摩西進入雲中上山，在山上四十晝夜。』<**典章**>這段妥拉最後以這幾節經文收尾的用意為何？

出埃及記 No.7 妥拉
<禮物/奉獻/提升>篇（פרשת תרומה）

本段妥拉摘要：

出埃及記第七段妥拉，標題<禮物>，希伯來文(**תְּרוּמָה**)。 (**תְּרוּמָה**) 這個字還有 **奉獻** 的意思，其字根 (**רום**) 有 **提升、升高** 的涵義。

先回顧上一段妥拉<典章>篇，耶和華神透過摩西，來處理百姓中大大小小的民事紛爭，並教導許多律例、典章、法條，等到以色列整個民族團體，都接受，並且也遵守這些<典章>後，他們就成為了一個 「**有組織、有紀律、有秩序，秉公行義**」的信仰社群，然後，大家才能同心協力地，繼續為下一個，更高的目標 來前進和努力。

因此，進入到這一段妥拉<禮物>篇，我們看到以色列百姓全體 **團結一致、齊心向上**，大家願意「犧牲小我，完成大我」，為了進一步 <**提升、上升**> 到以色列 **最崇高** 的偉大神聖使命，就是為耶和華神「蓋會幕」，大家都甘心樂意地 <**奉獻/捐獻**> 自己家中，最貴重的寶物和財產，來完成這一項「不可能」的工作。

因為他們即將著手要蓋出的，是一個他們「從未見過」的特殊建築。這是以色列百姓出埃及後，第一次進行的一樁「公共建設」，而且是一個最高層級、也是難度最大的硬體工程。

另一方面，會幕的建造也是必須的，目的是要讓百姓知道，他們先前所領受的這些律法和<典章>的背後，**是有一個權威在維繫和主持的**，因為 **會幕**，乃是 **耶和華神的居所**，這個建築物所代表的，就是一個能具體執行律法的仲裁機構，是一個具有終極權威的最高法院，是以色列百姓在曠野中的一棟 **中央精神堡壘**。

出埃及記 No.7 妥拉 <禮物/奉獻/提升> 篇（**פרשת דברים**）

經文段落：《出埃及記》25:1 - 27:19
先知書伴讀：《列王記上》5:12 - 6:13
詩篇伴讀: 26 篇
新約伴讀：《馬太福音》5:34-35、《哥林多後書》9:1-15、《希伯來書》8:1-6、9:1-14

一、 集資蓋會幕

出埃及記第七段妥拉標題<禮物>。經文段落從出埃及記 25 章 1 節到 27 章 19 節。
<禮物>這個標題，在出 25:1-2 節當中：

『耶和華曉諭摩西說：
「你告訴以色列人當為我送 **禮物** 來；
凡甘心樂意的，你們要收下(獻給) 我的禮物。」』

וַיְדַבֵּר יְהוָה, אֶל-מֹשֶׁה לֵּאמֹר.
דַּבֵּר אֶל-בְּנֵי יִשְׂרָאֵל וְיִקְחוּ-לִי **תְּרוּמָה**
מֵאֵת כָּל-אִישׁ אֲשֶׁר יִדְּבֶנּוּ לִבּוֹ תִּקְחוּ אֶת-תְּרוּמָתִי.

這段妥拉的標題: <禮物> (**תְּרוּמָה**) 就是希伯來經文出 25:2 節的第七個字，這個
字 (**תְּרוּמָה**) 就是出埃及記第七段妥拉的標題。

<禮物>這個希伯來字更確切地翻譯是<**奉獻、捐獻**>的意思，英文翻譯為(**donation,
contribution**)，這個奉獻，特指為著某一種特別的、崇高的目的，所做的<**捐獻**>。
在摩西五經裡，這個字，經常是指<**奉獻**>給耶和華神、祭司和利未人的<**禮物**>，
或是以色列百姓所繳納的十分之一<**奉獻**>。

另外，這個字，從字根來看，中間的這個 (**רום**)，意思是「提升、升高 (**lift,exalt**)」。
所以 (**תְּרוּמָה**) 這個希伯來字，更完整地翻譯應該是，一個能帶來 (自我) 提升，
能使自我 上升到 更高境界的一種 捨己、犧牲和 奉獻。

以色列百姓先前還為了沒肉吃、沒水喝，總是為了自己肉體的慾望和需求，而不

斷向神、向摩西爭鬧、喧嚷、抱怨，整個民族團體處在一種「內鬨、分裂」的狀態中，但現在的情況卻大不相同，他們這時候，全體「團結一致、齊心向上」，大家願意犧牲小我，完成大我，為了進一步達到、<上升>到以色列最崇高的偉大神聖使命，就是為耶和華神蓋會幕，大家竟然都甘心樂意地<捐獻>自己家中，最貴重的寶物和財產，來完成這一項「不可能」的工作。因為他們即將，著手要蓋出一個他們「從未見過」的特殊建築。我們說，這是以色列百姓出埃及後，所著手進行的第一樁公共建設，而且是一個最高層級、也是難度最大的工程。

先回到上段妥拉<典章>篇，在那裡，耶和華神透過摩西，來處理百姓中大大小小的民事紛爭，並教導許多的律例、典章、法條，等到以色列整個民族團體都接受，並且也遵守這些典章後，他們就成為一個「**有組織、有紀律、有秩序，秉公行義**」的信仰社群，然後，大家也才能同心協力地，繼續為「下一個、更高的目標」來前進和努力。

所以這就顯示出，妥拉在「**分段**」時，經文順序編排「**前後邏輯**」所具有的「**關聯性和延續性**」。因為，在<典章>篇結束後，接著來到的正是<禮物/奉獻>篇，此時百姓都同心合一地，願意為了以色列的共同使命，而<奉獻>一切所有的，也就是蓋會幕。

這乃是耶和華神所希望看到的成果。因為他不希望以色列百姓內部亂糟糟、鬧哄哄的，所以，耶和華神就好比是一個幼稚園老師，祂為了「凝聚」班上小朋友彼此的感情和友好關係，就派給他們一項工作和任務，要他們「共同協力」完成。

再來，若更往前回顧，從前兩段妥拉<葉忒羅>篇及<典章>篇接續下來看，耶和華神先頒布 **十誡** 這個母法，然後在<典章>篇再加上 **民事法** 這個子法以後，接著，就需要 **一個「具體能執行律法」的仲裁機構**，或者我們說，**具有終極權威的最高法院的建構**，好讓百姓知道，**這個法律和審判的背後，是有人在維繫和主持的**。而這個建構就是本段妥拉，以色列百姓所準備要合資<奉獻>建造出的會幕了。[1]

而上一段妥拉<典章>篇的最後，在出埃及記 24 章 15-18 節不斷被提及的 **雲彩**，這個代表 **耶和華神榮耀的雲彩**，則成為「接續到」本段妥拉<奉獻>篇的一個伏筆，因為這個 **雲彩**，準備要「移駕並常駐」在 **會幕** 的正上方。所以，以色列百姓，必須要把會幕蓋好，好讓神的榮耀和同在，能隨時與以色列百姓一同前行、上行，直到進入迦南地。

---

[1] 關於為什麼耶和華神要以色列百姓「蓋出一個會幕」，除了本文的解釋外，另參《奧秘之鑰-解鎖妥拉:利未記》No.1 妥拉<祂呼叫>篇之第二段「為什麼需要有會幕？」。

二、 「行動的」西奈山

如果說以色列百姓出埃及的「高峰-頂點」，是在西奈山下「親身經歷」這一令人戰慄和敬畏的神聖的天啟異象，領受十誡。因為，所有人都親眼看到，親耳聽到，這密雲、雷轟、閃電、號角聲，還有耶和華神說話的聲音。那麼建造會幕，和把會幕立起來，則可以說是出埃及的「完成」。

確實，如果我們去看出埃及記最後一章，第 40 章，那裡就是講到會幕完工，然後被立起來，有雲彩遮蓋會幕，耶和華的榮光充滿帳幕。所以，出埃及記，是以會幕的建造完成，畫下完美的句點。

回到西奈山的經驗，這是人類歷史上的一個「絕無僅有」的經驗，一個「極端崇高神聖」的經驗，這是耶和華神和以色列百姓第一次相會、重逢的地方，在那裏，以色列百姓也首次地向神回應，說：願意將自己的生命完全<奉獻>歸順給神，並且承接使命和聖職，這就是出 19:5-6 所記載的：

> 『如今你們若實在聽從我的話，遵守我的約，
> 　就要在萬民中 **作屬我的子民**，因為全地都是我的。
> 　你們要 **歸我作祭司的國度，為聖潔的國民。**』

然後以色列百姓回答說，出 19:8：

> 『凡耶和華所說的，**我們 都要遵行。**』

然而，人總是健忘的。耶和華神為了要讓這個刻骨銘心的「西奈山經驗」能**永保常新**，可以「銘刻在」以色列百姓每一個人的心裡面，使他們 **永遠記得**，他們和耶和華神相遇的那一刻，並且 **記住** 曾經和神所立下的 **約定**，所以，耶和華神才吩咐以色列百姓必須要蓋會幕，將這一個，以色列百姓所經歷到的，西奈山的這一歷史性、一次性的神聖時刻「存放、安置」在會幕裡，而這個象徵並代表西奈山經驗的結晶體、這個需要被存放在會幕裡的東西，就是 **十誡的兩塊法版**。出 25:16：

> 『必將我所要賜給你的 **法版** 放在約櫃裏。』
> וְנָתַתָּ אֶל-הָאָרֹן אֵת הָעֵדֻת אֲשֶׁר אֶתֵּן אֵלֶיךָ.

這邊「**法版**」的希伯來原文為 **(הָעֵדֻת)** 就是 **這見證、這證物、這證據** 的意思，

英文 **The testmony, the evidence** 也就是說，放置在會幕中，在至聖所約櫃裡面的 **這兩塊法版**，乃是一個 **證據**，為的是要「**見證-證明**」你們耶和華神和你們以色列百姓所曾經締結的這一**盟約、婚約**，這個法版就是婚約，是一個堅不可摧、強而有力的 **證物**。

另外，我們也可以說，**整個會幕**，就是 一個西奈山的翻版，是一個 **行動的，會移動的西奈山**。**神的雲彩** 先前降臨在「**西奈山**」，但是等會幕蓋好後，**神榮耀的雲彩** 將會常駐在「**會幕**」上方，並引導著以色列百姓前進的方向。神之前在 **西奈山** 上對摩西說話，對以色列百姓說話，照樣，等會幕立起來以後，神將會在 **會幕** 裡對摩西和以色列百姓說話，就是出 25:22 所記載：

> 『我要在那裏 (會幕裡面) 與你相會，
> 又要從法櫃施恩座上二基路伯中間，
> 和你說我所要吩咐你傳給以色列人的一切事。』

透過蓋會幕，以色列百姓將這個 **西奈山經驗**，我們說，這是以色列民族的 **集體意識的結晶體**，把它「**固定在、安置在**」**會幕** 這個具體的建築物上。這同時也表明了，神的臨在，從一個定點的地方:西奈山，轉變成，透過一個**可搬遷、可移動** 的會幕，使得耶和華神得以和以色列百姓「**隨時同在**」。出 25:14-15：

> 『要把槓穿在櫃旁的環內，以便 抬櫃。
> 這槓 要常在櫃的環內，不可抽出來。』

這兩節經文表明，存放在約櫃裡的十誡 — 這兩塊法版(證物)、這個代表著聖法(神話語) 的這個約書，要「**隨時跟著**」以色列百姓，預備 **拔營起行、上行**，不管以色列百姓去到哪裡，都要帶著約櫃、神的十誡(妥拉)一起前進，這代表，耶和華神要 以色列百姓「**隨時行走**」在神的律例、典章的道路上，和真理的同在之中。

既然，耶和華神透過會幕的建造，來向以色列百姓表達，祂要與他們「**同在**」，**要住在他們中間**，就是出 25:8 所說的：

> 『又當為我造聖所，使我可以住在 **他們中間 (בְּתוֹכָם)**。』
> וְעָשׂוּ לִי מִקְדָּשׁ וְשָׁכַנְתִּי בְּתוֹכָם.

注意這裡的介係詞 (בְּתוֹכָם) (among them)，不是指耶和華神要住在會幕這個建築物裡，而是說: **神要住在以色列百姓，他們的中間**。神當然不需要一個居所，立會幕的目的，乃是要讓以色列百姓知道，我耶和華神在這裡、在你們的營地當

中，我也希望你們「心裡」有我這位神，「心理」看重我、敬畏我。

既然聖潔的主，住在我們當中，與我們同在，那我們也理當要自潔。在利未記裡，耶和華神經常對以色列百姓說：

『你們 要聖潔，因為我耶和華 是聖潔的。』

所以，會幕的一個最主要功能，就是透過 獻祭、贖罪 的活動，來維持以色列百姓營地的 聖潔。因為，若我們不聖潔，神無法與我們同在。[2]

總結來說，神要以色列百姓<奉獻>，蓋會幕，乃是要他們的靈性<提升>到一個更高的境界，達到聖潔。

三、 會幕的結構

關於會幕的結構，本段妥拉，首先講述會幕的 硬體 設施的部分。從出埃及記25 章開始，記載所<奉獻>的建材，然後依序提到至聖所裡所擺放的 約櫃、施恩座-基路伯、再來是聖所要安置的，放 陳設餅的桌子、金燈台。

然後是出埃及記 26 章提到的，遮蓋整個會幕的三層幔子：帳幕、罩棚、頂蓋。接著向外擴展至 圍繞會幕主體的皂莢木板，最後提到區隔至聖所和聖所的 幔子，以上，這是會幕主體結構的部分。

再來到 27 章，則繼續講述，會幕外院 的建材，及所需打造的器具：燔祭壇、鏟子、盤子、肉叉子、火鼎，最後結束於 外院的入口：門簾，及相關建材。

從經文的編排、也就是神曉諭摩西，會幕的建造品項的「順序」來看，耶和華神是由「最重要的物件」開始談起，並且是「由內而外」一一地開展來介紹。神首先確立會幕「最核心」的部分，也就是會幕的「內部空間」，我們說室內設計，就是 至聖所：約櫃、施恩座、基路伯。然後是 聖所：陳設餅的桌子、金燈台。以上是 25 章的內容。

---

[2] 同參《奧秘之鑰-解鎖妥拉:利未記》No.1 妥拉<祂呼叫>篇之第一段「認罪與獻祭」。

再來是會幕的 **外部** 製作，這就是 26 章的主要內容，就是前文提過的遮蓋會幕的三層幔子，和圍繞會幕主體的皂莢木板。緊接著再向外擴展至 27 章的 **外院**，和擺放在外院的燔祭壇。

另外，從「建材的等級」來看，會幕裡 **至聖所** 和 **聖所** 裡的所有物件，都是用 **金** 去打造，或包覆，而 **外院** 的物件，例如燔祭壇，大多是用 **銅**。

透過會幕建材的「預備順序」，和材料的「使用等級」，也讓我們看到並學習到一個功課，就是在我們的工作、生活、人生目標、生涯規劃中，應該要先確立「最重要、最核心」的部分，也就是我們 **個人生命的呼召、異象和使命**，然後其他「次要的」計畫和事務，就能依序地開展出來，而不是反過來，捨本逐末，去追求次要的，結果，輕忽，或是忘記做最重要的事情，最後，到年老時，才後悔莫及。

底下，就來看看會幕裡出現的幾個物件，其所代表的屬靈象徵意涵：

1. **法版**: 這是會幕裡最重要的物件，它是以色列民族集體意識的結晶體，像一塊晶片一樣，如前文所述，它是一個 **證據、證物: 見證** 我耶和華神和你們以色列立下一個海誓山盟的 **永約**，是一個 **憑據**。另外，十誡的法版也代表 **神的話**(妥拉)。可以說，整個會幕，原本就是為了這兩塊法板而建造出來的。

2. **約櫃上的基路伯**: 出 25:20 提到『**二基路伯** 要高張翅膀，**遮掩施恩座**。基路伯要臉對臉，朝施恩座。』基路伯的形象和姿態，是要教導以色列百姓，你們要**展翅上騰**，向上<提升>自己，「遮掩」施恩座和「臉朝」施恩座，代表你們要「**護衛、守護**」神的話，要「**時刻專注**」在這個神和你們以色列立的盟約上。

3. **施恩座 (כַּפֹּרֶת)**: 這個希伯來字，他的字根(כפר)其實就是「**贖罪、遮蓋**」的意思，因為，日後，亞倫和他的後裔，在承接大祭司的聖職以後，就必須要一年一度在 **贖罪日** 的時候，進入至聖所，在施恩座的前面彈公山羊的血，為全以色列百姓贖罪。[3]

4. **聖所的陳設餅**: 這個餅原文是(לֶחֶם)，正確的英文翻譯為 **bread**，就是麵包的意思。出 25:30 說到『又要在桌子上，在我面前，常擺 **陳設餅 (לֶחֶם פָּנִים)**。』常，這個時間副詞，希伯來文為 (תָּמִיד) 表示 **總是** 的意思，這表明，耶和華神是以色列百姓「**隨時的供應**」，代表物質的充足、不缺乏。

---

[3] 關於「施恩座」與「贖罪日」，另參《奧秘之鑰-解鎖妥拉:利未記》No.6 妥拉<死了之後>篇之第一段「靈命大檢修」、第二段「兩隻公山羊」。

5. 金燈台: 代表 **靈性的照明**，和 **指引**，詩篇 119:105：

> 『祢的話是我腳前的 **燈**，
> 是我路上的 **光**。』

四、 耶穌的預表

會幕裡的 **金燈台、陳設餅**，其實也預表耶穌，因為耶穌說：

> 『我是世界的 **光**，
> 我是生命的 **糧**。』

約翰福音 6:35 耶穌說：「我就是 **生命的糧**。到我這裏來的，必定不餓；信我的，永遠不渴。另一處經文，也是在約翰福音，在 8:12 耶穌又對眾人說：「我是 **世界的光**。跟從我的，就不在黑暗裡走，必要得著 **生命的光**。」。

如果去看這兩處經文的前後脈絡，會發現，其實耶穌說這兩句話的地點，一個在 **北部** 的 **加利利**，一個在 **南部** 的 **耶路撒冷**。耶穌在加利利說「我是 **生命的糧**」，在加利利以南的耶路撒冷說：「我是 **世界的光**」，這正好也巧妙地對應到，聖所裡擺放 **陳設餅**，和 **金燈台** 的位置。因為出埃及記 26:3 裡提到

> 『把 (陳設餅的) **桌子** 安在幔子外帳幕的 **北面**；
> 把 **燈臺** 安在帳幕的 **南面**，
> 彼此相對。』

另外，會幕的結構，也預表著耶穌將來道成肉身的「**救贖**」工作。[4] 這表明，**耶穌**，祂就算是 **神的兒子**，也「**仍需要按照**」耶和華神所設立的 **會幕**，所要求的「**獻祭、流血、贖罪**」的 **這一流程** 來進行。耶穌並沒有仗勢著自己是神的兒子這一尊貴的身分，就走捷徑，旁門左道，也就是透過一種「不需經歷」**痛苦、流血、死亡** 的方式「**來贖罪**」。比方說，耶穌拿一隻刀片，在自己手上劃一刀，流血，然後就像父神說，我已經完成，為全人類贖罪的工作，沒有！

---

[4] 同參《奧秘之鑰-解鎖妥拉:利未記》No.6 妥拉<死了之後>篇之第三段「贖罪日的預表」。

希伯來書 9:12 說『並且不用山羊和牛犢的血，乃用 (彌賽亞耶穌) 自己的血，只一次進入聖所，成了 永遠贖罪 的事。』也就是說，耶穌用自己的身體和流血，來替以色列百姓和全人類，來到耶和華神的 施恩座 前，做獻祭和贖罪的動作。所灑在 施恩座 前的血，不是大祭司用公牛和公羊灑的血，乃是彌賽亞耶穌 祂自己的寶血。

因此，藉著彌賽亞耶穌，這「無瑕疵」的獻祭，這完全純潔的生命寶血，其贖罪的功效、力量，當然就超越所有過去以色列百姓用牲畜:牛、羊所做的獻祭。正如希伯來書 10:11-12 所說：

> 『凡祭司天天站著事奉上帝，**屢次獻上一樣的祭物，這祭物永不能除罪。**
> **但彌賽亞獻了一次 永遠的贖罪祭，**就在上帝的右邊坐下了。』

耶穌用自己的身體和鮮血所獻的祭，效力是如此之大，以至於，祂一次的獻祭，就永遠成就、完成了人類贖罪的工作。所以接著希伯來書 10:18 說：

> 『這些罪過既已赦免，**就不用 再為罪 獻祭了。**』

意思是說，以後再也不需要透過「宰殺牛、羊」的方式來獻祭和贖罪。

另外，會幕裡還有一個很重要的預表，那就是「分隔」至聖所和聖所的 幔子，在希伯來書 10:20，作者把這個 幔子 當作是 彌賽亞耶穌的身體。[5]

當耶穌在十字架上斷氣的時候，發生了一件驚天動地的事，就是 聖殿裡的 幔子裂成兩半。 而 幔子 希伯來文(פָּרֹכֶת) 他的字根(פרד) 意思就是 壓碎、破碎、重擔 (crushing, oppression) 的意思。這讓我們想到以賽亞書 53:10 的經文：

> 『耶和華卻定意將他 壓傷，使他 受痛苦。
> 耶和華以他為 贖罪祭。』

幔子 被撕裂，也表達出父神耶和華的 哀悼、悲痛。因為當耶穌在十字架前，「承受、背負著」全人類的罪惡時，耶穌所受的那沉重的痛苦，重到讓祂感覺到連父神耶和華也要遺棄祂，因此耶穌絕望的喊著：

> 『我的神，我的神，為什麼離棄我？』
> אֵלִי אֵלִי לָמָה עֲזַבְתָּנִי

---

[5] 希伯來書 10:20『是藉着他 (耶穌) 給我們開了一條又新又活的路，從幔子經過，這 幔子 就是他的身體。』

111

父神耶和華在天上，眼睜睜地，看著祂的愛子 受苦、流血，最後斷氣，完成這個「代替」全人類所做的贖罪工程。

因著，耶穌的身體「被破碎」，那本是「阻隔」人來到至聖所-施恩寶座前的這條幔子破裂以後，結果就是，人人(不管你是不是祭司，是猶太人還是外邦人) 只要願意接受彌賽亞耶穌寶血的贖罪，都可以坦然無懼地來到 (這個本來一年一度只有大祭司才能進去的) 至聖所面前。[6] 正如希伯來書 10:19-23 所說：

『我們既因 耶穌的血 得以坦然 進入至聖所，
藉著他給我們開了 一條又新又活的路，
從 幔子 經過，這幔子 就是 他的身體。
又有一位大祭司治理上帝的家，
並我們心中 天良的虧欠已經灑去，身體用清水洗淨了，
就當存著誠心和充足的信心來到上帝面前；
也要堅守我們所承認的指望，不致搖動，
因為那應許我們的 是信實的。』

五、 最寶貴的建材

會幕得以被建造，除了是耶和華神的吩咐之外，當然還有以色列百姓甘心樂意的 <奉獻>，願意回應這個神聖、偉大的呼召，將自己有的，而且是 **最寶貴的、上好的** (儘管他們當時在曠野，一無所有)，都拿出來，獻給神使用。這告訴我們，如果我們希望 **神與我們同在**，那麼，我們就要將最好的，**獻給神來使用**，讓神可以<提升>我們的全人、全心。

而最寶貴的建材，其實，就是我們的生命，羅馬書 12:1：

『**將身體獻上，當作活祭**，是聖潔的，是上帝所喜悅的；
你們如此事奉乃是理所當然的。』

---

[6] 所以耶穌才這樣說『我就是 **道路、真理、生命**。若不藉著我，沒有人能到父神 (耶和華) 那裡去。』約翰福音 14:6。

因為我們的身體，就是神的殿、就是神的會幕。 哥林多前書 3:16：

『豈不知你們是 **上帝的殿，**
上帝的靈 **住在** 你們裏頭嗎？』

會幕 (מִשְׁכָּן) 這個希伯來文字，他的字根 (שכן) 就是「**住**」的意思，現代希伯來 (שכן) 這個字意思是 **鄰居**。所以會幕這個字的概念，對以色列百姓而言，就是說，有大君王耶和華神，「**住在**」我們當中，**是我們的**「**鄰居**」，既然有這麼重要的貴賓，尊貴的國王住在這裡，那麼我們當然會把環境打掃乾淨，維持居家環境，裡裡外外的整潔。或者，再舉個更日常生活的例子，一個男孩，邀請一位他心儀已久的女孩，邀約了好幾十次，最後，女孩總算答應去到男孩的家，你想，這個男孩，會不會竭盡所能地，把家裡整理的乾乾淨淨，整整齊齊呢？

所以，神的 **同在、臨在**，我們常講的 **Shekinah**，希伯來文(שְׁכִינָה)，他的字根也是來自於前文所說的 (שכן)「**住**」的這個字根。**神同在、神同住** 有一個必要的前提，就是 **聖潔**。耶和華神之所以要以色列百姓蓋會幕，目的是要他們的身體心靈、全人全心都要聖潔，因此，這就可以解釋，會幕為何需要有的，一個最主要的功能，那就是 **獻祭¬贖罪**。[7] 因為人非聖潔，不能見神的面。

最後，從會幕的結構來看，我們發現，耶和華神對存放在「至聖所」裡的 **約櫃** 和 **法版** 保護的無微不至，這麼樣一個「隱蔽的」空間，只有大祭司能進去，而且一年才一次。對於我們人來說，最內在、最隱蔽，也是最重要的部分，就是你們的 **心思意念**，她也就像「至聖所」一樣，**需要被保護，需要存放著 法版**、也就是 **神的話**，和 **神真理的靈**；否則就是儲存著 邪情私慾、不好的意念、犯罪的意念、不屬神的心思意念。

最後，用箴言 4:23 這節經文來作一個小結：

『你要 **保守你心，勝過保守一切，**
因為一生的果效是由心發出。』

---

[7] 所以從會幕的門口進去，第一個出現在百姓眼前的就是「燒燬」祭物(牲畜)所使用的 **燔祭壇**，如此醒目的擺放位置，目的就是要提醒以色列百姓，這裡是「獻祭」的地方，是一個處理「罪」的血腥戰場。

問題與討論:

1. 出埃及記第七段妥拉標題<禮物>(תְּרוּמָה)，這個希伯來字的原義為何？ 另外，從字根 (רום) 來釋義的話，還有「**提升、升高 (lift,exalt)**」的涵義。耶和華神是透過什麼事情，來讓先前還不斷「爭鬧、喧嚷、抱怨」的以色列百姓，現在能夠全體「團結一致、齊心向上」。

2. 十誡的「**法版**」希伯來原文為 (הָעֵדֻת)，這個字真正的意思是什麼？ 另外，透過建造會幕，以色列百姓得以將 **西奈山經驗**「固定在、安置在」**會幕** 這個具體的建築物上。這同時也表明了，神的臨在，從一個定點的地方:西奈山，轉變成，透過一個**可搬遷、可移動** 的會幕，其目的是為了什麼？

3. 從經文的編排、也就是神曉諭摩西，會幕的建造品項的「順序」來看，耶和華神是由「**哪些物件**」開始談起，並且是「**如何地**」——地開展來介紹？ 透過會幕建材的「預備順序」，和材料的「使用等級」，也讓我們看到並學習到怎麼樣的人生和信仰課題？

4. 會幕的結構，或者說，會幕裡面的哪些物件，正是在「**預表**」**耶穌** 的生命和他的救贖工作。

5. 哥林多前書 3:16：『豈不知 **你們是 上帝的殿**，上帝的靈住在你們裏頭嗎？』如果我們的身體，就是神的殿、就是神的會幕，那請問 **最寶貴的、最好的建材** 會是什麼？

出埃及記 No.8 妥拉
<吩咐/命令>篇（**פרשת תצוה**）

本段妥拉摘要:

出埃及記第八段妥拉，標題為<**吩咐/命令**>，希伯來文(**תִּצְוֶה**)。

在上段妥拉<禮物/奉獻>篇提到，以色列百姓可以憑著自己的感動 自由捐獻、甘心樂意的人可以來送禮物，這是為著會幕「硬體」方面的建設來集資。

但來到本段妥拉<**吩咐/命令**>篇，從標題<**吩咐/命令**>就可以看得很清楚，這段妥拉所記載的內容，大多都是明定的 <**吩咐**>和<**命令**>，而且都是來自於耶和華神所訂規的指令，這就表示說，這些所規範的內容，本身具有「強制性」和「絕對性」，不能討價還價，不可任意更改，或按著人民、百姓的意見隨意更動，正好相反，都是要完全按照耶和華神所<**吩咐**>和<**命令**>的，去實施和執行。

而這些強制性的內容，主要就是會幕「軟體」的部分，也就是「人」的部分。所以，到底「是誰」，有資格，可以在會幕裡面任職工作，並且耶和華神也會嚴格規範 這群任職的人「該如何做」，以及「要做什麼」。

這些在會幕裡服侍的人，其實就是大祭司和祭司們，他們是以色列百姓的「中保」、是「代贖者」，他們必須要「完全遵守」這一切強制性的<**吩咐/命令**>。這當中包含了: 祭司們在會幕裡點燈、燒檀香、獻祭……等等的服事、並且還要穿上特別打造的聖服。

最後，這段妥拉的結尾，也預告了亞倫，他身為「大祭司」這一特殊且重要的職分，他要一年一次，在「贖罪日」的時候，進入會幕，替以色列百姓全體國民，來贖罪。

出埃及記 **No.8** 妥拉 **<吩咐/命令>** 篇（**פרשת תצוה**）¹

經文段落:《出埃及記》27:20 - 30:10
先知書伴讀:《以西結書》43:10 - 27
詩篇伴讀: 65 篇
新約伴讀:《希伯來書》13:10 - 17、《彼得前書》2:1 - 25

一、 強制性的<吩咐/命令>

出埃及記第八段妥拉標題<吩咐/命令>。經文段落從出埃及記 27 章 20 節到 30 章 10 節。<吩咐/命令>這個標題，在出 27:20 節:

> 『你要 **吩咐(命令)** 以色列人，
> 把那為點燈搗成的清橄欖油拿來給你，
> 使燈常常點著。』

> וְאַתָּה **תְּצַוֶּה** אֶת-בְּנֵי יִשְׂרָאֵל
> וְיִקְחוּ אֵלֶיךָ שֶׁמֶן זַיִת זָךְ כָּתִית לַמָּאוֹר
> לְהַעֲלֹת נֵר תָּמִיד

這段妥拉的標題: <吩咐/命令> (**תְּצַוֶּה**) 就是希伯來經文 出 27:20 節 的第二個字，這個字，這個動詞 (**תְּצַוֶּה**) 就是出埃及記第八段妥拉的標題。

我們知道，猶太先賢將摩西五經，也就是妥拉，分成 54 個段落，每個段落都會有一個標題，標題的出處，通常都是來自每段妥拉的頭一兩節當中的一個「最關鍵重要的字」。而這個被選出來的鑰字，之所以能成為這段妥拉的標題，乃是因為這一個字，可以提綱挈領地告訴讀者，這段妥拉所要告訴讀者的「重點內容、重要信息」是什麼。

因此，這段妥拉<吩咐/命令>篇，我們就可以按著這個標題<吩咐/命令>，其所指

---

¹ 本段妥拉，可以和利未記 No.2 妥拉<吩咐/命令>篇對照閱讀，因為這兩段妥拉都是論到祭司作為「中保」這個貴重的職分及其相關工作的內容，見《奧秘之鑰-解鎖妥拉:利未記》No.2 妥拉<吩咐/命令>篇。

出的含意和方向來思考，出埃及記 27 章 20 節至 30 章 10 節，這段經文的主要內容和信息。

首先，從出埃及記 27:20 節所選的「標題」本身來看，既然這是一項<吩咐/命令>，而且是來自於耶和華神所訂規的指令，那這就表示說，所<吩咐/命令>的內容本身是具有「強制性和絕對性」的，是不能討價還價，不可任意更改，或是按著人民、百姓的意見去隨意更動的，正好相反，是要「完全按照」耶和華神所<吩咐/命令>的去實施和執行。

而這一段妥拉，講述的正好就是，關於會幕裡面，最重要的服侍者:他們是一群以色列百姓的「**中保、代贖者**」，也就是大祭司和祭司們，他們所應該要預備，並且必須「完全遵守」的一切強制性的<吩咐/命令>。

這些<吩咐/命令>包含了: 祭司們在會幕裡點燈的服事、然後是 28 章提到大祭司和祭司們所要打造的 **聖服**，這 **華美、榮耀的聖服**，是他們在會幕內供職事奉時，必須要穿上的。出 28:43 節，耶和華神就是以一種強制性的<命令>口吻對摩西說：

> 『亞倫和他兒子進入會幕，或就近壇，在聖所供職的時候必穿上，
> 免得擔罪而死。
> 這要為亞倫和他的後裔作永遠的定例。』

等祭司的聖服做好後，接下來就是 29 章講述的，要他們穿著聖衣，在會幕裡做「承接聖職」的工作，這就好像是今日在教會裡所常看到的「按牧」典禮和事宜，讓準備要上任的新手牧師，「被膏立」，並賦予聖職，然後開始牧會。

最後，30 章 1-10 節，這段經文內容又回到會幕裡的服事項目:香壇，每天都要燒這香，獻這香，給耶和華神。

上面其實已經把這段妥拉的內容概覽了一遍，若是再回顧一下這段妥拉，會發現有一個「**頭尾呼應**」的結構，頭、尾都是一項<吩咐/命令>，這些強制性的<命令>，乃是祭司每天要在會幕裡面、在耶和華神面前「必須要做」的事情，第一個是 **點燈**，第二就是 **燒香**。來看經文，出 27:21：

> 『在會幕中法櫃前的幔外，**亞倫** 和 他的**兒子**，
> 從晚上到早晨，要在耶和華面前經理 **這燈**。
> 這要作以色列人世世代代永遠的定例。』

另一處，在這段妥拉的結尾，出 30:7-8：

> 『亞倫在壇上要燒馨香料做的香；
> 每早晨他收拾 燈 的時候，要 燒這香。
> 黃昏 點燈 的時候，他要在耶和華面前 燒這香，
> 作為世世代代常燒的香。』

從出埃及記 30 章 7-8 節的經文來看，耶和華神把「燒香」和「點燈」這兩項強制的工作放在一起談，表明這兩件「每日的侍奉」同等重要，都是祭司們每天要做的事情，雖然「點燈」和「燒香」看似稀鬆平常，但是越是簡單、越是日常，越是看似不起眼的事情，反而容易讓我們輕忽。

所以，耶和華神透過點燈和燒香來教導祭司們，要天天警醒，並且要 在小事上衷心，因為你們祭司 所肩負的責任是重大的，你們要「代替」以色列百姓，來到耶和華神面前，替百姓「贖罪」。因此，這段妥拉的結尾，就把香壇的侍奉，關聯到大祭司最重要的工作，就是一年一次，在 贖罪日，替百姓做「代贖」的神聖工作。

再回到上一段妥拉<奉獻/禮物>篇，那裡提到，以色列百姓，可以「隨著自己的心意」，甘心樂意地來捐獻禮物，作為會幕「硬體」建設之用，而這樣的捐獻並不是強制性的，但是來到本段<吩咐/命令>篇，我們看到，會幕的「軟體」部分，也就是關於是「什麼樣的人」可以進到會幕供職，以及需要按照「什麼樣的程序」來工作，這些就都必須要「完全按照」耶和華神所<吩咐/命令>的來執行了，並且一點都不能馬虎，也絲毫不能有差錯。

因為，這乃是涉及到整體以色列民族的國家命脈、靈命的健全與否、以及是否遭致神的祝福或咒詛，以上這些全都端賴於 (本段妥拉所規範的) 祭司各樣相關的預備工作，這些工作乃是「神聖又嚴肅」的侍奉。所以祭司的人選，也就不是按著人意的方式選出來；而是耶和華神直接<命令>、強制定規的，那就是：亞倫為第一任大祭司，只有他的後裔，才能成為祭司。

因此，有趣的是，從經文的安排和鋪陳上面來看，在上段妥拉<奉獻/禮物>篇的結尾處，是講到「會幕外院的 門口」，然後來到本段妥拉<吩咐/命令>篇，接續講到 祭司 的工作、聖衣，和承接聖職，這就清楚表明了，在以色列人中，能從會幕外院門口進入的，唯有當中的一小群，被分別出來的人，也就是 祭司，只有他們才得在會幕內任職侍奉，一般百姓不得入內。

這樣，也就為以色列百姓豎立了一個原則，那就是: 任何人為的、人意的侍奉，

都不被耶和華神所接受。²

二、 為榮耀、為華美

上一段妥拉<奉獻/禮物>篇主要講述會幕所使用的建材，一開始提到，以色列百姓中，凡甘心樂意地都可以自願來奉獻禮物，這裡「並沒有強迫」百姓必須一定要給出這些建造會幕的貴重材料。

但是來到本段妥拉<吩咐/命令>篇，開頭就提到一個「強制性」的<命令>，就是<吩咐>以色列百姓要把點在會幕裡，聖所的金燈台的燈，其所使用的純淨橄欖油，要帶來交給摩西。

然後接下來的經文提到，金燈台裡的燈，必須由祭司每天點著，這代表，祭司任職侍奉的重要性和關鍵性，他的角色，就是要替以色列百姓「**點燃**」，並「**維持**」這個群體的 **靈性之光**，在以色列這個團體中，要常常有「靈性的光輝」，來引導百姓，提升百姓。

因此，祭司 **點燈** 的侍奉，絕不能因為祭司「個人的心情好壞」而影響到他的供職，不論如何，祭司每天都要進到聖所 **點燈**。因為從屬靈的角度來說，**點燈** 的侍奉，關係到全體百姓靈命狀況的好壞，所以，這乃是一項「強制」的<命令>。

而使用 **完全純淨、沒有摻雜任何雜質** 的清橄欖油，的這一項絕對的<命令>，也預告了祭司們，所應該具有的「**聖潔、純淨**」的特質。因為他們是一群被分別出來、特別被選出來、又被嚴格要求的人民代表，要在「榮耀又公義」的耶和華神面前服事、在「神聖且莊嚴」的會幕裡，替百姓來 **處理罪惡、贖罪** 工作的一小群人。³

由於祭司在會幕的工作，會牽連到整體以色列民族的禍福，和民族的存亡，也就是說: 如果耶和華神「悅納」祭司們的侍奉，那以色列百姓就得蒙祝福，如果耶和華神「不喜悅、不接受」祭司們的服事，那以色列百姓就會遭遇禍患。所以，這群被分別出來的祭司們，他們自己本身必須意識到，他們會受到「**非常嚴格的**

---

² 同參《奧秘之鑰-解鎖妥拉:利未記》No.2 妥拉<吩咐/命令>篇之第一段「嚴格遵守的條例」。

³ 同參《奧秘之鑰-解鎖妥拉:利未記》No.2 妥拉<吩咐/命令>篇之第四段「帶血的侍奉」。

規範」，他們的所作所為「絕對不能」按照自己個人的喜好和意願，正好相反，他們的侍奉，要「完全按照」耶和華神所<吩咐>、所指示、所<命令>的來執行，這當中毫無妥協的餘地。

所以，為了要彰顯出，或者說符合祭司所代表的這一個「嚴肅又神聖」的職分和角色，那麼，祭司們在以色列百姓眼前，所穿著的 聖衣 (*בִּגְדֵי קֹדֶשׁ*)，它的打造和設計，就是一件至關重要的事情。因為這 聖衣，要讓以色列百姓一眼看到，就對其所散發出的 「**榮耀** 和 **華美**」感到一股無法抹滅的深刻印象，目的就是要讓百姓知道，祭司身分的與眾不同，和屬靈地位的神聖和崇高。出 28:2-4：

> 『你要給你哥哥亞倫做聖衣 為榮耀，為華美 (*לְכָבוֹד וּלְתִפְאָרֶת*)。
> 又要吩咐一切心中有智慧的，就是我用智慧的靈所充滿的，
> 給亞倫做衣服，使他 分別為聖，可以給我供 祭司 的職分。
> 所要做的就是 胸牌、以弗得、外袍、雜色的內袍、冠冕、腰帶，
> 使你哥哥亞倫和他兒子 穿這 聖服(*בִּגְדֵי קֹדֶשׁ*)，可以給我供祭司的職分。』

從上面這幾節經文看到，耶和華神對於大祭司要怎麼穿，是非常講究的，這段妥拉的前半段，也就是 **整個 28 章，一整章** 的篇幅，都在講述 **祭司聖衣** 的打造和所有的細節。彷彿耶和華神是一個「服裝設計師」。

在我們的日常生活中，為了什麼樣的「身分和工作」，或是所要參與的活動，會需要打點、穿上能「符合」某種場合、適合的衣服，這是大家都可以理解的。例如：要外出運動，就會穿運動服、運動鞋。上班工作，就必須要穿著端莊，或穿公司規定的工作服，女孩子若是去參加晚宴，就絕對不可能穿得太休閒，一定是會精挑細選一件洋裝或晚禮服去赴宴。如果是要接待外國來的貴賓或外國的總理、總統，那負責接待的人必須西裝筆挺。

所以說，一個人的穿著是很重要的，不僅反映出品味，他(衣服) 也關係到這個人的身分，他所從事的工作，甚至可以表現出這個人的地位。這些訊息，都是透過衣服傳達出來的。

因此，**祭司**，他做為 **以色列的中保**，使耶和華神得以和以色列百姓，能在會幕裡相會的「最重要的中介者」，這麼重要神聖的工作和角色，他們這些人需要穿什麼樣的衣服，這些衣服需要怎麼樣來打點和設計，這當然也是耶和華神非常關注的事情，因此，耶和華神才會用 **28 章一整章** 的內容，鉅細靡遺地講述 **聖衣** 的所有細節和樣式。

我們也可以舉「國家代表隊」為例子，來進一步解釋，為什麼祭司不能隨便穿衣

服，穿便服，進到會幕裡面，而是必須、非得穿上 聖衣 才能進去。

國家代表隊，所選拔出來的成員和選手，都是一群「被分別出來」，必須「受嚴格特訓」的人，當他們出國，參加國際比賽時，就是「代表」整個國家，「肩負」整個國家(勝利)的使命和榮耀，所以比賽時，全體國民都會「聚焦」在這些代表隊的選手上，他們全體一致地都穿著中華台北的「國家隊服」，這隊服代表著整個國家的身分認同，而選手們在場上的比賽和勝敗，則牽動著全體國民快樂和難過的心情。

祭司們，就像是國家代表隊的成員，他們是「特別被選召出來」，代表整個國家群體，要來到耶和華面前，進來會幕侍奉的一小群人，當他們「上場」、進入會幕工作時，他們就肩負著，為著拯救，和維繫全體以色列百姓靈命的興盛和穩定的重大使命。

而當他們在會幕裡面服事時，每個人都必須要穿上隊服，也就是祭司的制服: 他們的 聖衣，因為這衣服告訴祭司們，也告訴以色列百姓，我們祭司正在「場上」、正在會幕內供職，必須要 時刻專注、時刻警戒，因為我們的侍奉，乃是關係到全體以色列百姓的福祉。

三、 聖衣的預表 [4]

亞倫所穿的這一套大祭司的 聖衣，實在貴重無比，從底下的配件，可以看出這套聖衣有多麼 榮耀、華美 和 尊貴。

首先是以弗得肩上鑲的兩塊紅瑪瑙寶石。第二、胸牌上的 12 塊稀有寶石，第一行的紅寶石、紅璧璽、紅玉；第二行是綠寶石、藍寶石、金鋼石；第三行是紫瑪瑙、白瑪瑙、紫晶；第四行是水蒼玉、紅瑪瑙、碧玉。這都要鑲在金槽中。第三、以弗得的外袍的底邊，周圍都要裝上金鈴鐺。最後，要用精金做出一個 面牌(צִיץ)，面牌上還需要刻著: **歸耶和華為聖** (קֹדֶשׁ לַיהוָה) **Holy to Yehovah.** 這是要給大祭司戴在頭上的。

在亞倫的聖衣上雕刻、鑲嵌著這麼多的寶石，可以半開玩笑地說，以色列現在發

---

[4] 同參《奧秘之鑰-解鎖妥拉:利未記》No.1 妥拉<祂呼叫>篇之第五段「沾血的聖衣」。

達的「鑽石工業」，也許就是源自於 大祭司聖衣 的打造。

耶和華神如此大費周章，所費不貲地，大手筆地<吩咐/命令>摩西，要以色列百姓一起合資奉獻，打造 如此華美的聖衣，要這位即將要成為的首任大祭司亞倫穿上，除了是為了要讓以色列百姓實際地看到、察覺到、感受到，大祭司的屬靈地位之崇高，以及所肩負著代替以色列百姓，進到會幕，來到耶和華面前「贖罪」的這一神聖又重大的使命。除此之外，**這背後還有一個更深一層的神學意涵。**

回到創世記，耶和華神創造出一個完美的世界: 伊甸園，和一個完美無瑕疵的人: **亞當**。當時，**亞當** 有著神給他 **最完好如初的、最本然神聖和聖潔的** 形象和樣式，但是當亞當「犯罪」以後，**惡** 就進入到人的心思意念和肉體之中，於是人就開始「敗壞」，活著只屬乎肉體，土地也受到咒詛。這就是因著 **亞當** 一人的犯罪，世人都虧缺了神的榮耀，都失去神原先給我們的榮耀和聖潔的特質。[5]

然而，耶和華神想要「**恢復-修復**」[6] 祂所創造的世界，「恢復」世界的美好，也要「恢復」人受造之初榮美的樣子，所以揀選了 **亞伯拉罕**，開始了這一套 (神國度) 恢復的計畫和工程，於是就由亞伯拉罕這一支希伯來民族開始，後續發展成 **以色列**。

當以色列百姓出埃及後，來到西奈山，耶和華神就向他們正式地、公開地頒布這一項 **恢復計畫**，就是記載在出埃及記 19:5-6 的經文內容:『如今你們若實在聽從我的話，遵守我的約，就要 **在萬民中 作屬我的子民**，因為全地都是我的。你們要 **歸我作祭司的國度**，為 **聖潔的國民**。』耶和華神，要透過以色列，來做為神國度復興的器皿，或者，就是 **神國度在地上「首次恢復」**的樣板和楷模。

因此，等到進入以色列百姓進行到，準備要 **蓋會幕**，和 **祭司** 的任職這樣的階段時，就表示，這個「恢復」已經來到了最核心的部分，因為當會幕蓋好，祭司也開始任職後，**耶和華神就要「住在」人間**，住在以色列百姓當中了，我們說，這是亞當犯罪後，**神首次「住在」一個國家群體中**，與一個社群團體「同在」。

而 **祭司** 的侍奉，正好就是使得，耶和華神與以色列百姓「同住、同在」得以可能的一個「唯一的媒介」。所以，一個能在神面前佇立、侍奉和敬拜的人，這個 **聖潔無瑕疵** 的代表、典範 和 **榜樣**，就是 **大祭司**。因此，大祭司那 **為榮耀、為華美** 的聖衣，乃是為了要表達出，耶和華神祂想要「恢復」亞當犯罪後，人所失去的 **神聖、榮耀**，而這個恢復，將要在亞倫所穿的 **聖衣** 上，具體的表現

---

[5] 羅馬書 5:12『這就如 **罪是從一人入了世界**，死又是從罪來的，於是死就臨到眾人，因為眾人都犯了罪。』、哥林多前書 15:22『在 **亞當** 裡 眾人都死了，』

[6] 所以在猶太人的思想裡面，有一個特有的概念叫做「**修復世界**」，希伯來文(תיקון עולם)。

出來。

也就是說，等到這個聖衣打造好，穿在亞倫身上，讓以色列百姓看到後，就會清楚知道，這 大祭司「神聖、榮美」的樣式，乃是我們要努力提升學習，並效法的典範和榜樣。因為，這就是 亞當「尚未犯罪前」，人受造「原本的樣式」，是純全、聖潔、無瑕疵的。

所以，亞倫，作為 亞當的恢復，重點正好在於「穿衣服」這件事情的對比上。亞當要 穿衣服，乃是因為他 犯罪、遠離神，所以被迫要去穿衣服，穿衣服的目的是為了要「遮羞」，掩蓋亞當自己犯的「過錯 和 罪咎」。創世記 3:7『他們二人的眼睛就明亮了，才知道自己是赤身露體，便拿無花果樹的葉子為自己編做裙子。』然後在創 3:21 又提到『耶和華上帝為亞當和他妻子用 皮子 做衣服 給他們穿。』

回到本段<吩咐/命令>篇妥拉，耶和華神也是要亞倫 穿上衣服，但這次的 穿衣服，乃是耶和華的<命令>，亞倫所穿上的，不是隨便隨便的衣服，不是皮衣，而是 尊貴、華美 的 聖衣，穿上這聖衣，是為了成為一位 完美無瑕疵、沒有罪的人，來親近神，「回到」與神的同在中。

四、 神記念以色列 [7]

在大祭司身上這套「貴重的聖衣」，它上面有的兩件重要的配件: 第一個是 以弗得 (אֵפוֹד)，第二個是 胸牌 (חֹשֶׁן)，我們來思考這兩個物件所要表達出的重要意涵為何，先看幾處的經文。

在出埃及記 28:9-12 這段經文中，講到以弗得的肩帶上，要鑲嵌的兩塊寶石，經文這樣說:

『要取兩塊紅瑪瑙，在上面刻 以色列兒子的名字 (שְׁמוֹת בְּנֵי יִשְׂרָאֵל): 六個名字在這塊寶石上，六個名字在那塊寶石上，都照他們生來的次序。要用刻寶石的手工，彷彿刻圖書，按以色列兒子的名字 (עַל-שְׁמֹת בְּנֵי יִשְׂרָאֵל)，刻這兩塊寶石，要鑲在金槽上。要將這兩塊寶石安在以弗得的兩條肩帶上，為以色列人做紀念石

---

[7] 同參出埃及記 No.1 妥拉<名字>篇之第一段「神記念以色列的<名>」。

(**אַבְנֵי זִכָּרֹן לִבְנֵי יִשְׂרָאֵל**)。 亞倫要在兩肩上擔 他們的名字(**אֶת־שְׁמֹתָם**)，在耶和華面前 作為紀念。』

接著來看 **胸牌**，在出埃及記 28:15-21：

『你要用巧匠的手工做一個決斷的胸牌。要在上面鑲寶石四行：第一行是紅寶石、紅璧璽、紅玉；第二行是綠寶石、藍寶石、金鋼石；第三行是紫瑪瑙、白瑪瑙、紫晶；第四行是水蒼玉、紅瑪瑙、碧玉。這都要鑲在金槽中。**這些寶石** 都要 **按以色列兒子的名字** (**עַל־שְׁמֹת בְּנֵי־יִשְׂרָאֵל**)，按著 他們的名字 (**עַל־שְׁמֹתָם**)，共有十二顆，彷彿刻圖書，**每顆有它的名字** (**אִישׁ עַל־שְׁמוֹ**)，代表 十二個支派。 』

再來看一處經文，在出埃及記 28:29-30：

『亞倫進聖所時，要將決斷胸牌，就是刻 以色列兒子名字(**שְׁמֹות בְּנֵי־יִשְׂרָאֵל**)，**帶在胸前** (原文是: **在他的心上**)(**עַל־לִבּוֹ**)，在耶和華面前常作紀念。又要將烏陵和土明放在決斷的胸牌裏；亞倫進到耶和華面前的時候，要 **帶在胸前** (原文是: **在心上**)(**עַל־לֵב**)，在耶和華面前常將以色列人的決斷牌 **帶在胸前** (原文是:**在他的心上**)(**עַל־לִבּוֹ**)。 』

從上面閱讀的經文中，會發現，以弗得肩帶上的兩塊紅瑪瑙，以及胸牌上的 12 塊不同的寶石，在這些寶石上，**都刻上了 以色列 12 個兒子的名字**，也就是 12 支派的名字。我們可以想像一下，當亞倫首次穿上這套聖衣時，**這些寶石** 所透發出的 **金碧輝煌、金光閃爍** 的榮耀和華美，在以色列百姓眼前會造成多麼深刻的一個感官上的視覺印象。

把 **以色列 12 支派的名字** 刻印在**寶石**上，代表耶和華神是如此看重以色列，如此深愛著以色列，把以色列看為貴重的至寶、眼中的瞳人。因此，不管是 **以弗得**，還是 **胸牌**，經文都提到了，以色列 **12 支派的名字 要在耶和華面前做紀念**，意思是說，耶和華神會「永遠紀念」以色列，神永遠都不會忘記祂曾經和以色列的先祖:亞伯拉罕、以撒、雅各所立的 **永約**，這約會直到永遠，並且，直到末後的日子，耶和華神會向世人，向萬邦列國顯明，我耶和華神沒有忘記以色列，始終記得。

來看聖經最後一卷書，啟示錄 21:10-12：

『我被 聖靈感動，天使就帶我到一座高大的山，將那由上帝那裏、從天而降的 **聖城 耶路撒冷** 指示我。城中有 **上帝的榮耀**；城的光輝如同極貴的寶石，好像碧玉，明如水晶。有高大的牆，**有十二個門**，門上有十二位天使，門上又寫 以

色列十二個支派的名字。』接下來 21:14：『城牆有十二根基，根基上有羔羊十二使徒的名字。』19-20 節：『城牆的根基是用 各樣寶石 修飾的：第一根基是碧玉；第二是藍寶石；第三是綠瑪瑙；第四是綠寶石。第五是紅瑪瑙；第六是紅寶石；第七是黃璧璽；第八是水蒼玉；第九是紅璧璽；第十是翡翠；第十一是紫瑪瑙；第十二是紫晶。』

啟示錄上面這段經文中提到 城門根基的 12 個寶石，正好對應到 胸牌上的 12 刻寶石。也就是，以色列 12 支派「正好對應著」12 猶太使徒。

這就具體表明了，在末後的將來，神要紀念的，除了 12 位猶太人的使徒之外，耶和華神也「仍然紀念」以色列的 12 個支派。

五、 上帝的徵集令 [8]

出埃及記 28 章講完祭司的聖衣，接著 29 章，就講到了祭司要穿著聖衣「承接聖職」，準備來接受摩西的膏立和按牧。中文和合本的翻譯: 承接聖職，在希伯來文原文是(לְמַלֵּא יָד)，按照字面直接翻譯，意思是 使手充滿。使亞倫和他的兒子手上充滿能力。為什麼是說，使他們的手充滿力量呢？

因為，當祭司們開始要在會幕裡供職，替以色列百姓處理各樣獻祭的事宜時，那麼就表示他們必須要 經常操刀，宰殺牛羊，當祭司們進行「屠宰」的時候，他們必須要勇敢，不能害怕，不能看到牲畜在奮力掙扎，和鮮血噴濺的血腥景象就腿軟，否則祭司們無法替百姓做「贖罪」的動作。

因此，才會說「承接聖職」，叫做 使他們的手充滿，當百姓帶著牲畜來 獻祭、處理罪 的問題時，他們必須毫不遲疑的，將動物進行這屠宰，祭司們必須要在會幕，這個處理以色列百姓罪惡的刑場中，站立得住。

有意思的是，在現代希伯來文，教召 (מילואים) 這個字，和「承接聖職/使手充滿」，的這個 充滿 是同一個字根的單字。所謂的教召，就是當國家有危難、遇到敵人攻擊時，下達「強制性的徵召令」，要國家中符合資格、當過兵、受過軍事訓練的男人，立刻、第一時間回到部隊中，因為國家這個時候，要使這些人承

---

[8] 同參《奧秘之鑰-解鎖妥拉:利未記》No.2 妥拉<吩咐/命令>篇之第三段「祭司的徵集令」。

接保家衛國的聖職，所以，國家 **要使他們的手充滿**，把各樣的裝備發配給他們，要他們穿上、戴上，勇敢地出去替國家征戰，和敵人正面作戰，不畏懼、不害怕地奮勇殺敵，拯救全體國民。

祭司們，其實就像是一群被耶和華神「**教召**」點召的一群人，當耶和華神對亞倫一家的男丁發出徵召令時，他們就必須毫不猶豫地，來到會幕前，替以色列百姓征戰，時時為著以色列人的罪惡征戰，因為祭司們所承接的職分，是神聖且重大的，祭司們乃是肩負著以色列全體國族的命運和興衰。

正因為，大祭司肩負著國家的命運，所以，在 **以弗得** 的兩肩上那兩塊刻有 **以色列 12 支派的名字**，正好就代表著，**大祭司有責任要把以色列集體性的國家罪惡的重擔**，「**肩負**」在自己的肩膀上。而刻有 **以色列 12 支派名字** 的 **決斷胸牌**，則必須 掛在胸前，希伯來原文是 **放在心上**，這表示，**大祭司必須時時關心、紀念、掛念以色列民的身體、和靈性的健康狀況**，此外胸前的這塊決斷胸牌，也代表著大祭司必須要常常替以色列百姓代求，**尋求神的「公義和指引」**，並維護著以色列國家社會的「公平和正義」，使以色列不致遭到神的憤怒和懲罰。

這樣看來，大祭司貴重的聖衣，雖然從其外觀看來，閃耀奪目，鑲嵌許多寶石，都是巧匠的手工織成的，也許人人都想要一件，想要穿在身上來炫耀，但是，當我們知道 它所承擔的 (關乎全體民族命運的) **重大責任** 時，又有誰敢穿上去呢？

然而，不論如何，大祭司的聖衣，一定要有人穿上，因為只有穿上這聖衣，才能成為神和人之間的中保。以賽亞書 61:10：

> 『我因耶和華大大歡喜；我的心靠上帝快樂。
> 因他 **以拯救為衣** 給我穿上，**以公義為袍** 給我披上，
> 好像新郎戴上華冠，又像新婦佩戴妝飾。』

這節經文描述的就是那位，永遠的大祭司：彌賽亞耶穌。耶穌肩負代替眾人的罪孽，來到父神耶和華面前，替我們眾人代求和贖罪。

至終，**這華美、榮耀的聖衣**，不僅祭司要穿上，在彌賽亞來的日子，人人也都要穿上，在神所要「恢復」的國度中，人人也都將會「恢復」受造之初 那聖潔、榮美的形象和樣式。

彼得前書 2:9『唯有你們是 **被揀選的族類**，是有 **君尊的祭司**，是 **聖潔的國度**，是 **屬神的子民**，要叫你們宣揚那召你們出黑暗、入奇妙光明者的美德。』

常說，人人皆祭司，但身為基督徒的我們，是否已經知道，並深切地體悟，**穿上聖衣，成為祭司**，其所肩負的責任是有多麼的巨大、神聖和嚴肅呢？

問題與討論:

1. 為什麼出埃及記第八段妥拉是取<吩咐/命令>(תְּצַוֶּה)這個動詞來作為標題？為什麼關乎「**祭司**」職分這一「**中保**」的工作在經文裡都是以耶和華神強制性的<吩咐/命令>出現的，這是要表明什麼？

2. 出埃及記 28:2『你要給你哥哥亞倫 **做聖衣 為榮耀，為華美**。』給亞倫打造一件榮耀華美的聖衣，並讓他穿上，這個目的和用意是什麼？

3. 亞倫穿上「**榮耀華美的的聖衣**」背後還有一個更深一層的神學意涵和預表，請問這個神學意涵和預表是什麼？

4. 為什麼耶和華神要在大祭司穿的 **以弗得** 肩帶上鑲嵌的兩塊寶石，以及 **胸牌** 上的十二塊寶石，都必須銘刻著 **以色列十二支派的名字**？ 這是要向以色列百姓表明出神什麼樣的心意？

5. 「**承接聖職**」在希伯來文原文是(לְמַלֵּא יָד)，按照字面直接翻譯，意思是什麼？基督徒常說『**人人皆祭司！**』在讀完這段妥拉的經文內容後，你覺得祭司的職分和工作會是輕鬆容易的嗎？

出埃及記 No.9 妥拉

<數點/背負>篇 (פרשת כי תשא)

本段妥拉摘要:

出埃及記第九段妥拉，標題為<你數點>，希伯來文(**כי תשא**)，(**תשא**) 這個希伯來字原來的意思是「**背負、承擔、拉起來**」的意思。

在前面的兩段妥拉<禮物/奉獻>篇以及<吩咐/命令>篇的內容中，分別講述會幕的「硬體」物件，和會幕的「軟體」元件，也就是祭司們。接下來，按著妥拉分段的邏輯，就進入到本段妥拉<數點/背負>篇，一開始就提及，該如何來「長久維繫」 會幕、以及祭司們的「穩定服事和運作」，那就是要透過全體以色列百姓，每年義務性地繳納半舍克勒，來維持會幕的開銷，使會幕能「不斷持續地」正常運作。

因為會幕，乃是維繫以色列民族命脈的心臟，會幕代表耶和華神的同在，在會幕裡，時常處理並解決以色列百姓靈性病症的各樣問題，也就是罪。因此，會幕可說是 **以色列的全民健保局**。

然而，在這段妥拉裡面，以色列還是犯了嚴重的靈性病症: **造金牛犢，拜偶像**。只是這時會幕還沒有開始建造，但總要有人出來解決問題，出來背黑鍋，出來<**承擔/背負**>以色列百姓集體拜偶像的死罪，這個人，當然還是摩西。他來到耶和華神面前，替百姓代求，再次將這群靈命跌落谷底的以色列民<**拉起來，提升起來**>。

那麼亞倫呢？ 在上段妥拉<吩咐/命令>篇的結尾，不是已經預告，他將要作為大祭司，來<**背負/承擔**>、代替以色列百姓「贖罪」的重責大任嗎？ 怎麼亞倫，竟然容許以色列百姓造金牛犢呢？ 可見，亞倫在<**承擔/背負**>的屬靈操練上還沒預備好。

出埃及記 No.9 妥拉 <數點/背負> 篇（פרשת כי תשא）

經文段落:《出埃及記》30:11 - 34:35
先知書伴讀:《列王記上》18:1-39
詩篇伴讀: 75 篇
新約伴讀:《馬太福音》17:1-13、《使徒行傳》7:35-8:1、《哥林多前書》10:1-13、《哥林多後書》3:1-18

一、 <數點>百姓 － <提升>靈性

出埃及記第九段妥拉標題<數點/背負>。經文段落從出埃及記 30 章 11 節到 34 章 35 節。<數點/背負>這個標題，在出 30:11-12 節當中，按原文直譯如下:

『耶和華曉諭摩西說：
你 數點 以色列人的人頭，是要按他們被數的。』

וַיְדַבֵּר יְהֹוָה אֶל-מֹשֶׁה לֵּאמֹר.
כִּי תִשָּׂא אֶת-רֹאשׁ בְּנֵי-יִשְׂרָאֵל לִפְקֻדֵיהֶם

這段妥拉的標題: <數點/背負> (**כִּי תִשָּׂא**) 就是希伯來經文出 30:12 節的第一和第二個字，這個詞組 (**כִּי תִשָּׂא**) 就是出埃及記第九段妥拉的標題。

<數點>這個動詞 (**תִשָּׂא**) 字根(נשא) 希伯來文字面上直接的翻譯是「**提起、抬起 (elevate, lift up, raise up)**」，第二個意思是「**背負、承擔(bear, carry on)**」。第三個意思: 當一個男孩子，把一個女孩子<抬起來>，然後<背負>她，<承擔>她的一切，她的需要、她的困難，這就是「結婚」。所以希伯來文 (**נָשָׂא אִישָׁה**)，「**抬起、揹著一個女人**」，意思就是一個男人將一個女孩娶進門，並且，從今以後，為這個女人<背負/承擔>一切所有的重擔。

再回到 30:12 節的經文，希伯來經文原文 (**כִּי תִשָּׂא אֶת-רֹאשׁ בְּנֵי-יִשְׂרָאֵל**)，英文翻譯成 When You **elevate/raise up the heads** of the children of Israel. 中文就是說:『當你 抬起 以色列兒子們的 頭。』這個 頭，就是經文裡的 (רֹאשׁ) 這個字。

這讓我們聯想到一幅生動的畫面，就是在學校，下課結束，上課鐘響，一個班級還在鬧哄哄、沒有秩序時，班導師走進教室，開始<計算、數點>、也就是 點名，點到名字的人，都要放下手邊任何的動作，必須<抬起頭>來，手也要<舉起來>答有，意思是說：『我在這裡，在教室，我沒有亂跑，乖乖地在教室，準備要聽老師上課。』

因此，在學校的老師，就<肩負/承擔>管理班級、教育學童的重責大任，老師們要使孩子們，<抬起頭>來，<提升>他們的知識水準和教育水平。所以，這也恰好就是本段妥拉所要描述的主題內容，就是:摩西，他<背負/承擔>全體以色列百姓的罪，這一個在耶和華神眼中看來是罪大惡極的罪: 拜偶像。

當全體的以色列百姓，都沉浸於、身陷於這個 金牛犢 的打造，和瘋狂崇拜的同時，摩西要來到耶和華神面前，替百姓代求，再一次地將這群靈命跌落至谷底的以色列民，<拉起來>，<提升起來>，再一次地對他們<點名>。並且<背負>他們的罪，替他們來贖罪。

我們可以描述下面這樣的一場景，就是: 當以色列百姓，全體都陷入歇斯底里地歡呼、歌唱跳舞，嬉鬧狂歡，並極度熱情地埋首專注於金牛犢打造的同時，摩西出現了，他就好像一個老師，進入一間鬧哄哄、完全沒有秩序的班級教室，然後，摩西就開始了「整隊」的工作，就是要來「整理、整肅」這個已經失序的以色列這個隊伍，一個個<數點/點名>，點到名字的人，必須放下他們手邊的工作，將頭<抬起來>，注視著摩西嚴肅又憤怒的表情，然後又慢慢地回過神來，意識清醒了，接著摩西就對他們說: 你們在做什麼？ 你們這是在做什麼？ 你們正在造神像，正在拜偶像，正在惹耶和華神的怒氣，你們不知道嗎？

耶和華神 洞悉人性，神知道以色列百姓會犯罪，而且這罪，還是一個死罪: 拜偶像之罪。在出埃及記第六段妥拉<典章>裡，出埃及記 22:20 提到:

『祭祀 別神，不單單祭祀 耶和華 的，
那人必要滅絕。』

在本段妥拉，經文也提到，在出埃及記 32:9-10 耶和華對摩西說:

『我看這百姓真是 硬著頸項的百姓 (עַם-קְשֵׁה-עֹרֶף)。
我要向他們發烈怒，將他們滅絕。』

但是，還記得出埃及記前面，全體以色列百姓才剛經歷這個西奈山的「神聖」經驗，他們的靈性全部都被提高到一個「非常崇高」的境界，大家都親眼看見神威

嚴的顯現，也都親耳聽到耶和華神說話的聲音，並且領受十誡，他們還說：『凡耶和華所說的，我們都要遵行。』 但才過沒多久的時間，以色列百姓的靈命竟然從高處跌落谷底，從定意要侍奉耶和華神，竟然一夕之間，淪落到去拜一隻金牛犢，一個動物的雕像。

為此，為了要「時常維繫」以色列百姓的靈命，清潔、打掃處理罪惡和汙穢，持守每個人的聖潔，並「鞏固」他們對耶和華神的信仰，使以色列這個被神揀選的民族團體得以「永續發展」，所以，**會幕**，這個使得耶和華神得以和以色列百姓「相會、同在」的空間的建造，就是一件勢在必行的事。

若從妥拉的「分段脈絡」來看，可以看到一個很清楚經文發展的軌跡。在出埃及第七段妥拉<禮物/奉獻>篇講到 **會幕硬體的建設打造**，第八段<吩咐/命令>篇接著提及 **會幕裡面事奉的軟體**，也就是人的部分:祭司的工作，以及他們應該如何承接聖職的事項。接續就來到今天要分享的第九段<**計算/抬起/背負**>篇，本段的主角，變成 **以色列全體百姓**。所以，這個軌跡就是: 從最核心的會幕，擴展至祭司，再向外擴大到全體以色列會眾。[1]

本段妥拉經文一開始提到，二十歲以上的男人，都要繳納半舍克勒，經文稱這半舍克勒為「**贖罪銀 (כֶּסֶף הַכִּפֻּרִים)**」，這是要用來建造會幕，和「維持會幕」的日常開銷之使用。也就是說，有了會幕、也有了祭司之後，還需要 **全體以色列百姓**，透過義務性地繳交半舍勒克的方式，來使會幕能不斷地、持續地正常運作，因為會幕，乃是以色列的中央精神堡壘，是維繫以色列民族命脈的心臟，會幕代表著耶和華神的同在，在會幕裡，時常處理並解決以色列百姓的靈性病症的問題，也就是罪。

因此，會幕可以說是以色列的 **全民健保局**，如何讓這個全民健保局「永續運作」，並帶給百姓靈命的健康，並使全體國民靈性的程度一起被<**提升**>到最佳狀態，這就需要「**全體國民**」的參與和努力。這就如同一間教會的興旺與否，端看弟兄姊妹們是否都願意同心參與及奉獻，因為「堅守-穩固」教會的責任，除了牧師和傳道人之外，你我 (所有的信徒) 皆有責。

---

[1] 這種「從會幕走向全體百姓」的經文發展脈絡和軌跡，在利未記裡面有可以看得到，詳見《奧秘之鑰-解鎖妥拉:利未記》No.7 妥拉<成聖>篇之第一段「邁向成聖」。

二、 偶像崇拜

這段妥拉，其中記載的一個最主要的事件就是: **金牛犢事件**。然而，為什麼會發生這樣的事件？ 以色列百姓不久前，不是才在西奈山領受十誡，才向耶和華神答應允諾,他們要肩負起一項重責大任,就是要成為「祭司的國度、聖潔的子民」,要在萬民中「做屬神的子民」嗎？ 怎麼現在落到了要「滅族」的命運,耶和華神要將這一群硬著頸項的以色列民滅絕。底下,我們先來看看,金牛犢事件發生的一個背景和前提。

以色列百姓因為他們的屬靈領袖: 摩西 上西奈山,遲遲未歸,百姓以為他消失不見了,於是感到 害怕、恐慌,因為,從在埃及經歷十災,到過紅海,進入曠野,來到西奈山,**這一路上都是摩西在領路,只有摩西知道前頭的去路,也只有摩西能解決所有以色列百姓的問題**,特別是生活和飲食的需要。

然而在曠野如此艱困的環境下,領路人,也就是這個嚮導:摩西,突然消失不見,這當然造成百姓的恐慌,於是,以色列百姓立刻跟副嚮導,也就是摩西的副手:亞倫來求救。這就是出埃及記 32:1 節的經文所記載的:

> 『百姓見摩西遲延不下山,就大家聚集到亞倫那裏,對他說:
> 「起來!為我們 做神像 (原文是:造一個神) (עֲשֵׂה-לָנוּ אֱלֹהִים) [2],
> 可以在我們前面 引路;
> 因為領我們出埃及地的那個摩西,我們不知道他遭了甚麼事。』

從 32:1 節經文看到,以色列百姓的信心仍然很微小、很貧弱,即便他們在整個出埃及的過程中,已經經歷這麼多神蹟奇事,親眼目睹耶和華神的手,祂大能的作為:十災、紅海分開、雲柱、火柱、天降嗎哪、最後來到西奈山,和耶和華神相認、見面。但是,只因為這位「神的 代言人」:摩西,不見、失蹤了,就立刻造成以色列百姓的信心動搖,這顯示出,以色列民內心所具有的強烈不安全感。

這樣的不安全感正好就是來自於以色列百姓「**為奴的心**」[3]、裡面那個貧窮、孤兒的靈,還沒有被清理乾淨。所以當一個「有型有體的、看得見」的一個依靠和

---

[2] 原文雖然是說「造一個神」,但按照傳統猶太解經的觀點來說,以色列人並不是要放棄耶和華神,去尋求「另一個神」;真正的意思指的是: 以色列人想要找到,或者說重新創造一個新的「**神的代言人**」,這個人能夠「**代表**」神的權威和權柄,就如同摩西一樣。見出埃及記 7:1 的經文『我耶和華要使你摩西,在法老面前「代替神」(「代表上帝」的身分,來對法老說話)。』

[3] 關於以色列百姓「為奴的心」的心理學分析,筆者在出埃及記 No.4 妥拉<容百姓去>篇的第二段「容百姓去的權柄」一文中有詳細的分析。

幫助沒有了或不存在的時候，以色列百姓就急於想要找一個「能看得見、摸得到的、具體的」人或物，來代替摩西。於是，百姓就用自己過去所熟悉的方式，**人意的** 方式，打造出、發明出「一個摩西的替代者」，就是一尊金牛犢的神像。

金牛犢的打造，其實是一種「**靈性的倒退**」，以色列百姓此時好像又「退回到」他們還在埃及時的偶像崇拜、對一尊尊、看得見的神像頂禮膜拜。因為耶和華神帶領以色列百姓出埃及目的，就是要他們「走出、脫離」埃及偶像崇拜的罪惡，因為埃及人把 **自然界的許多的受造物**，當作有法力的神明來敬拜，而 **十災** 的接連發生，就是要告訴法老和埃及人，同時也向以色列人顯明，**只有耶和華才是神，唯有耶和華神「統管」宇宙萬有**，因為世界就是由這位，以色列先祖的神: **亞伯拉罕、以撒、雅各的神** 所創造。

而耶和華神所要教導以色列百姓的一個首要的信仰功課就是，你們所敬拜的這一位超越者，祂是 **看不見的**，因為神是個靈。所以你們以色列百姓，要「超越」感官的層次，進入到「屬靈和精神」的更高層面，來認識耶和華神 [4]。因此，不要追求那眼睛看得見的像，而是要用耳多「**聽**」耶和華 **神的話**。這裡，讓我們想到猶太人最重要的一個禱詞就是「**聽命頌 (שמע ישראל)**」，在申命記 6:4『**聽啊！以色列，耶和華－我們的上帝是獨一的主。**』

在前面兩段妥拉<禮物/奉獻>篇和<吩咐/命令>篇，分別提到會幕各樣器具的打造和祭司聖衣的製作。在會幕的至聖所和聖所裡所擺放的約櫃、基路伯、金燈台、陳設餅的桌子，大祭司身上穿的以弗得、胸牌、外袍下面的金鈴鐺，還有戴在大祭司頭上的面牌，面牌上面刻著:歸耶和華為聖。以上提到的這些器具和物件，上面所打造的主要材料，都是 金子，或所謂的精金、也就是 **純金**。

然而，對比到本段妥拉，以色列百姓同樣也是<奉獻>了許多金子，但是，這些貴重的金子，**並沒有按照耶和華神的<吩咐和命令>**，而是以色列百姓自己額外捐獻出來的。 出埃及記 32:2-3：

> 『亞倫對他們說：
> 「你們去摘下你們妻子、兒女耳上的 金環，拿來給我。
> 百姓就都摘下他們耳上的 金環，拿來給亞倫。」』

百姓就都摘下這句話給讀者的印象就是，亞倫竟然可以很順利、很快速地，在第一時間，就募集到足夠金子，然後接著 32:4 節說：

---

[4] 同參出埃及記 No.2 妥拉<我顯現>篇之第七段「在場的法老，與隱蔽的耶和華」、以及出埃及記 No.5 妥拉<葉忒羅>篇之第五段「十誡」。

> 『亞倫從他們手裏接過來，
> 鑄了 一隻牛犢的像 (עֵגֶל מַסֵּכָה)，
> 用雕刻的器具做成。』

所以，以色列百姓，此時此刻，不是用金子來雕刻、打造剛剛前面我們說的一切**聖物**: 約櫃、基路伯、金燈台、陳設餅的桌子……正好相反，他們要按照自己的意思，用金子來造一個神像，就是金牛犢，並且造好了以後，還對這隻 **金牛犢** 說，出 32:4，按原文直譯:

> 「這就是 **以色列你的神**，是領你出埃及地的。」
> אֵלֶּה אֱלֹהֶיךָ יִשְׂרָאֵל אֲשֶׁר הֶעֱלוּךָ מֵאֶרֶץ מִצְרָיִם

金牛犢的事件，讓我們可以更深一層地來思考，到底什麼叫 **偶像崇拜**？ 偶像崇拜就是，你把你身上 **貴重的東西**，這東西可以是你的 **金錢**、你的 **時間**，你的 **心思意念**，甚至就是你的 **生命本身**，「投資、奉獻」到你個人 (不論是情感或是慾望) 所喜愛的事物上，久而久之，這個你所長時間投入和關注的人或事或物，就成為你的偶像。

這個你用貴重的金子，所「奉獻-塑造出」的偶像，此時會反過來「**挾制你、控制你**」，錯誤地帶領你繼續誤入歧途，這就如同以色列百姓，在造出金牛犢這尊偶像後所說的這一句，他們心眼已「完全被蒙蔽」的話:『以色列啊，這頭 **金牛**，就是領你們出埃及地的神。』

簡單說，**偶像崇拜** 就是 **按著人意的方式**，百姓把這些 **貴重的金子**，拿來 **妄加利用**，而亞倫也很快速、很隨便地，就輕易地為百姓弄出了一尊金牛犢；這和耶和華神告訴摩西說要揀選比撒列和亞合利亞伯，來打造會幕，和會幕中一切的器具以及祭司的聖衣呈現出「強烈的對比」。出埃及記 31:3 :

> 『我也以我 (耶和華神) 的靈充滿他，
> 使他 有智慧，有聰明，有知識，
> 能做各樣的工。』

你是否把神所賞賜給你最貴重的恩賜、才幹，**按著 神的心意**，用在對的地方，還是拿來 **按著 自己的意思** 妄加利用，讓這樣寶貴的禮物，成為滿足肉體私慾的工具，成為「鑄造偶像」的建材？

三、 亞倫的模擬考

我們知道，每段妥拉都有「一個 **標題**」，從這個標題去思考這一整段妥拉的經文內容，往往都能理出這一整段妥拉的主題內容和重點信息，這是第一點。第二點、當我們在讀妥拉時，要特別去注意它的「**分段**」結構，也就是去思考它「分段的節點」為什麼會這樣分，為什麼開始的經文在這一節，然後結束的地方，會斷在這一節經文。第三點、**前-後段的妥拉** 總會有一個「邏輯上的關聯性」，或者說，一個「主題上的延續性」。以上，就是我們在讀妥拉時，幾個可以對經文架構，去思考的重點和方向。

就以本段妥拉來說，它的標題叫<**數點**>，這個動詞 (**נשא**) 原文的意思指的是<**抬起來/拉起來**>、是<**背負/承擔**>的意思。而這一段妥拉的內容，所講述的正好就是亞倫和摩西，他們在面對以色列百姓犯下重大案行、滔天大罪時，他們倆都必須要去<**背負/承擔**>以色列全體百姓的罪，替他們在耶和華神代贖，來贖罪，並請耶和華神網開一面，施行恩典和憐憫，並再一次將百姓們從罪惡的泥沼和深淵<**拉起來/抬起來**>。

特別是把他們的心思意念、他們的腦袋、也就是他們的頭<**拉起來**>。所以這段妥拉起始的出埃及記30:12節的經文，從原文看 (**כִּי תִשָּׂא אֶת-רֹאשׁ בְּנֵי-יִשְׂרָאֵל**)，字面上直接的翻譯，恰好就是『**你把以色列眾子的頭，拉起來。**』目的就是要「叫醒」他們，使他們「停止」手邊正在進行的工作：鑄造金牛犢，和拜金牛犢。

回到上一段妥拉<**吩咐/命令**>篇，那裡其實已經預告，**亞倫** 將要成為<**背負/承擔**>全體以色列百姓罪惡，進入會幕裡面，來到耶和華神面前的這一位 **大祭司**，這位在以色列百姓和耶和華神中間的 **一位中保**。因此，<**吩咐/命令**>篇這段妥拉的最後一節經文，出埃及記 30:10 這裡說：

『亞倫一年一次要在壇的角上行 **贖罪** 之禮。
他一年一次要用 **贖罪** 祭牲的血在壇上行 **贖罪** 之禮，作為世世代代的定例。
這壇在耶和華面前為至聖。」』

וְכִפֶּר אַהֲרֹן עַל-קַרְנֹתָיו אַחַת בַּשָּׁנָה
מִדַּם חַטַּאת הַכִּפֻּרִים אַחַת בַּשָּׁנָה יְכַפֵּר עָלָיו לְדֹרֹתֵיכֶם
קֹדֶשׁ-קָדָשִׁים הוּא לַיהוָה

因此，出埃及記 30:10 這節經文，也就是上一段妥拉的最後一節，就成為「連接到」本段妥拉<數點/抬起/背負>篇的一個預告，就是「接續到」本段妥拉經文所要處理的最主要的議題和內容，什麼內容？ 就是: 亞倫現在就要「肩負」一個重大的民族責任，因為當下有一個具體的實際狀況，而且是一個相當棘手的情況是要他即刻去面對和處理的，同時間，亞倫也必需要時時意識到一件事: 他的職分和侍奉，也就是他主要的業務，乃是要「維持、守護」全體百姓的身體和靈性的健康和聖潔，換句話說，用一個很具體的圖像來表達，那就是: 亞倫要隨時<拉起/抬起>以色列百姓的 頭，讓他們「專注在」會幕，「定睛在」耶和華神的話語和教導上。

所以，在<數點/背負>這一段妥拉裡，所發生的這個 金牛犢事件，就可以被看做是對亞倫的「第一次模擬考」，考核的內容當然就是要看看，即將要成為大祭司的亞倫，準備要在會幕裡承接聖職，要<背負/承擔>全體百姓命運的福祉，這樣的一個非常重大的責任和職分，亞倫，你是否預備好了，是否已經具備合格的能力和條件，來承接這樣神聖的職分？

金牛犢事件，考驗亞倫的智慧，和他的判斷及決策能力，最重要的是，亞倫到底能不能真正來<背負/承擔>以色列民，把百姓帶到耶和華神的面前，使他們悔改？

當然，我們知道，亞倫這次的測試「失敗」了，第一次考試的結果是「未通過」，除了沒有通過考試之外，亞倫的選擇和決定，以及他的作為，都讓以色列百姓從靈性上的高峰，一夕間跌落谷底，摔到罪惡的深淵，此外，更嚴重的是，這位即將要成為大祭司的亞倫，不但沒有盡到「守護、保護」以色列百姓的職責，替他們踩線，反而還進一步，引導百姓逐步走向民族的滅亡。

在金牛犢造好以後，亞倫進一步的作為是這樣，出埃及記 32:5-6：

> 『亞倫看見，就在 牛犢 面前築壇，且宣告說：
> 「明日要 向 耶和華 守節。」
> 次日清早，百姓起來獻燔祭和平安祭，
> 就坐下吃喝，起來 玩耍 (לְצַחֵק) [5]。』

這裡我們可以來思想一個問題，就是: 亞倫為什麼會容許百姓們造金牛犢？，試著回想一下，亞倫在以色列百姓出埃及之前，就已經跟著他那個拙口笨舌的弟弟:摩西，一起並肩作戰，同甘共苦，共同經歷那驚心動魄的十災，出埃及，過紅海，

---

[5] 玩耍 (לְצַחֵק) 這個希伯來字含有「**性意味、性活動**」的意思，所以當百姓在對這隻金牛犢「偶像崇拜」時，還伴隨著「放縱肉慾」的一些「嬉遊歡鬧」的慶典活動。關於 玩耍 (לְצַחֵק) 一字，另見創世記 26:8『非利士人的王亞比米勒從窗戶裏往外觀看，見以撒和他的妻子利百加 戲玩(מְצַחֵק)。』、創世記 39:17『你所帶到我們這裏的那希伯來僕人進來要 戲弄 (לְצַחֵק) 我。』

直到進入曠野，然後，以色列百姓的吵鬧、抱怨、甚至攻擊開始浮現，甚至越演越烈，大家還記得，在利非訂那裡，出埃及記 17 章記載到以色列百姓因為沒水喝，就與摩西爭鬧，並且控告摩西說：『你為甚麼將我們從埃及領出來，使我們和我們的兒女並牲畜都渴死呢？』然後 17:4 節 摩西就呼求耶和華說：

「我向這百姓怎樣行呢？
他們幾乎 要拿石頭 打死我。」

亞倫跟在摩西身邊，他親眼看到摩西，是如何一次又一次地去「處理和解決」以色列百姓不斷的爭鬧和紛爭，即便，百姓「以死來威脅」摩西，用性命來恐嚇摩西，摩西每一次都來到耶和華神的面前，不管是禱告也好、詢問也好、呼求也好，**摩西始終堅守在真理的道路，站立在耶和華神話語的教導和法則上。**

所以，這就可以說明，**為什麼耶和華神 總是喜歡 對摩西說話**，因為摩西會切身實際地去「謹守遵行」。摩西「不會順著」以色列百姓的需求，順著他們的民意去做任何他們想做的事情，例如: 帶領他們回埃及去,因為以色列百姓經常哭嚷、吵著要回埃及，但摩西堅持繼續往前走，絕對不會帶領百姓回埃及去，**因為 那「不是」耶和華神的心意和計畫。**

反觀亞倫在金牛犢這件事上，亞倫自己則是 沒有在真理上站穩，他「順從」百姓們的意願，「屈服於」百姓這個充滿歇斯底里的激情，但卻是「不符合真理」的人意，結果釀成巨大的災難。

可以說，亞倫因為害怕「輿論和群眾」的壓力，所以答應替百姓們造出一隻金牛犢，因為如果不做，亞倫也深怕他小命不保，將會死在群眾的暴亂和攻擊之下。當然，亞倫那靈裡剛強、信心堅定的弟弟:摩西，這位屬靈巨人，此時不在亞倫身邊，所以亞倫孤掌難鳴，亞倫獨自一人面對百姓，他感到害怕。

結論就是，亞倫若要成為一位<**肩負/承擔**>全體以色列百姓靈命的「中保」這一重要的職責和腳色，擔負這樣的重責大任，那麼，他必須一定要「堅守真理」，**與耶和華神同站立，對神的旨意和計畫 清楚明瞭**，且有 十足的信心，如此，他才能夠替百姓來到神面前「贖罪」，而不是反過來，「順從」百姓的人意和慾望，結果使得百姓的罪變得更大更重了。

四、 失格的以色列

金牛犢事件的發生，主因是在於亞倫沒有在「最後一道防線」把關，以至於讓以色列百姓鑄成大錯。[6] 這一事件的起始，是從亞倫的「一道指示」開始的，出埃及記 32:2-3 這裡記載：

> 『亞倫對他們說：
> 「你們去 摘下 (פָּרְקוּ) 你們妻子、兒女耳上的金環，拿來給我。」
> 百姓就都 摘下 (וַיִּתְפָּרְקוּ) 他們耳上的金環，拿來給亞倫。』

中文和合本聖經所翻譯的「摘下」這個動詞，希伯來文原文(וַיִּתְפָּרְקוּ) (פָּרְקוּ) 它的語意其實是更強烈，也更具有畫面。當我們說，來「拆解-分解」一個物品，或是說，一個東西「瓦解、崩裂、破碎」，在希伯來文所用的動詞，就是經文中「摘下」的這個字，其字根為(פרק)。

所以，當亞倫對百姓說，你們都「摘下」耳上的金環時，這同時也就意味著：你們把你們身上的「榮耀」，那剛才不久前，從西奈山所領受到的「神聖和聖潔」，把它給「拆解」下來。

事實上亞倫的這一指令，這一個「錯誤的命令」，已經預示也決定了一結果，就是：以色列百姓全體的「聖潔」，他們原來具有高層次的屬靈境界，現在，因為金牛犢的罪惡而遭到了「降格」，**失去了榮耀**。事發之後，雖然摩西出面緊急做危機處理，但已經定局的一件事就是：**以色百姓失格了，失去配帶這個象徵榮耀和華美的裝飾的資格**，因此出埃及記 33:5-6 這邊講到：

> 『耶和華說：你們是硬著頸項的百姓，
> 我若一霎時臨到你們中間，必滅絕你們。
> **現在你們要把 身上的妝飾 摘下來**，使我可以知道怎樣待你們。
> 以色列人從住何烈山以後，**就把 身上的妝飾 摘得乾淨。**』

當以色列百姓準備要把這些金子摘下來要做金牛犢的那一刻，以色列全體百姓的神聖和聖潔就瞬間「瓦解、崩裂」了，這就是出埃及記 32:3 所說的：

---

[6] 出埃及記的經文本身，也將金牛犢事件的發生和起因「歸咎於」亞倫，見出 32:21『摩西對亞倫說：「這百姓向你做了甚麼？**你竟使他們 陷在大罪裏！**」』。出 32:35『耶和華殺百姓的緣故是因他們 **同亞倫 做了牛犢。**』

『全體百姓就 **摘下**／ 全體百姓就 **瓦解、崩壞**。』

וַיִּתְפָּרְקוּ כָּל-הָעָם

出埃及記 32:3 這一節語意非常強烈的句子，一語雙關。

以色百姓開始拜這隻金牛犢的像以後，這個「**瓦解、崩落**」的景象就是以一個 **吃喝玩耍、放縱、失序** 的混亂局面呈現出來。出埃及記 32:7-8：

『耶和華吩咐摩西說：

「下去吧，因為你的百姓，就是你從埃及地領出來的，

已經 **敗壞**(שִׁחֵת) [7] 了。他們 **快快偏離了** 我所吩咐的道，

為自己鑄了一隻牛犢，向它下拜獻祭，說：

『以色列啊，這就是領你出埃及地的神。』

而摩西下山時，本來也應該是興高采烈地，帶著耶和華神指頭所寫的兩塊法版，要回到以色列營地當中，但卻看見 **百姓 放肆**。**放肆** (פָּרַע) 這個希伯來文也是一個畫面感很強烈的字，意指 **亂七八糟、完全失控** 的意思，在現代希伯來文，當我們說這個人像個野人，**披頭散髮**，這個描述頭髮「**散亂**」的形容詞就是(פָּרוּעַ)這個字。

同樣的字，在箴言 29:18 節的經文中『沒有異象，民就 **放肆**』的 **放肆** 也是同一字根的單字(יִפָּרַע) 但這裡是以動詞的形態出現，用更白話一點的句子來說，就是:『沒有異象，民就 **散漫、亂搞、胡來、亂七八糟、澈底失控**。』[8]

以色列百姓陷入拜偶像的集體瘋狂的罪惡活動中，這個民族團體已經 **放肆**，變得 **面目全非**，此時的以色列 **已經失格**，失去選民的這個資格，不再是聖潔的子民和祭司的國度。摩西知道，因著金牛犢的事，首先、耶和華神「要取消」以色列的這個選民的資格。第二、以色列也不再享有耶和華神同在和隨時引領的特權。

關於上述這兩點，從摩西的懇求，替以色列百姓代求的內容中看得很清楚，在出埃及記 33:15-16 說摩西說:「你若不親自和我同去，就不要把我們從這裏領上去。人在何事上得以知道我和你的百姓在你眼前蒙恩呢？豈不是 **因祢與我們 (以色列百姓) 同去、使 我和你的百姓 (以色列) 與地上的萬民 有分別** 嗎？」

---

[7] 「**敗壞**」一詞是非常強烈的字眼，另見創世記 6:11-12『世界在上帝面前 **敗壞**(וַתִּשָּׁחֵת)，地上滿了強暴。上帝觀看世界，見是 **敗壞**(נִשְׁחָתָה)了；凡有血氣的人在地上都 **敗壞**了(הִשְׁחִית) 行為。』

[8] 箴言 29:18 後半句『遵守 **律法/妥拉** (תּוֹרָה) 的，這人有福。』

以色列百姓因為拜偶像，犯了 **屬靈上的淫亂罪** [9]，玷汙自己，又得罪耶和華神，他們本來要為此付出慘痛的代價，但因著摩西及時地跳出來，替以色列百姓背黑鍋，<背負/承擔>全體百姓的罪，使得以色列全體人民得以保住性命，並仍然具有成為「聖潔的子民和祭司的國度」的資格，此外，耶和華神甚至還允諾摩西，在曠野行進，前往迦南地的路上，「我必親自和你同去，**使你得安息。** 」出埃及記 33:14

最後，用提摩太後書 2:21，這節經文來作個小結：

> 『人若 **自潔，脫離卑賤** 的事，
> 就必做 **貴重的器皿**，成為 **聖潔**，合乎主用，
> 預備行各樣的善事。』

五、 利未支派的勇敢

在<數點/背負>這段妥拉中，還有一群人，在金牛犢這個事件中，起到一個關鍵的作用，可以說，他們也和摩西一樣，<肩負/承擔>了全體以色列民族的存亡，那就是: 利未支派。出埃及記 32:25-26：

> 『摩西見百姓放肆（亞倫縱容他們，使他們在仇敵中間被譏刺），
> 就站在 **營門口** (שַׁעַר הַמַּחֲנֶה)，說：
> 「凡屬耶和華的 (מִי לַיהוָה)，都要到我這裏來！」
> 於是 **利未的子孫** (כָּל-בְּנֵי לֵוִי) 都到他那裏聚集。』

25 節說的「站在 **營門口** 」似在表明，摩西現在要「堵住」這個以色列因為拜偶像的罪而出現的「**破口**」，因為這個「**破口**」會給仇敵留地步和機會來攻擊以色列。所以摩西現在解決這破口的方式，就是要找出那些沒有拜金牛犢，還自認是 **歸耶和華的人**，這樣一來，就等於是要大家表態，當大部分的群眾都在拜金牛犢，而且拜的甚是瘋狂和厲害的時候，有誰敢站出來，勇敢地對抗輿論的強大壓力，表達自己的聲音說: **拜金牛犢是大錯特錯的**，結果，就只有 **利未支派** 的人奮不顧身地挺身而出。

---

[9] 同參《奧秘之鑰-解鎖妥拉:利未記》No.7 妥拉<成聖>篇之第三段「根源性的罪」。

接著摩西下達了這道命令，出埃及記 32:27：

『耶和華－以色列的上帝 (יְהוָה אֱלֹהֵי יִשְׂרָאֵל) [10] 這樣說：
你們各人把刀跨在腰間，在營中往來，
從這門到那門 (מִשַּׁעַר לָשַׁעַר)，
各人殺他的弟兄與同伴並鄰舍。[11] 』

上面的經文同樣又提到了 以色列營地的門，從這門到那門。這個 門 的圖象，很具體地表達出，摩西，或者說，其實是耶和華神，祂要盡可能地「堵住」目前在以色列百姓的營地中，所出現的任何「破口和漏洞」，以防仇敵伺機而動，因為這些「破洞」會讓仇敵，潛入攻擊。

然而，最大的破洞，其實就是這一群 極力煽動，混淆視聽，大力鼓吹偶像崇拜的暴民，這一小群人，大大地影響到其他的以色列百姓，以至於當摩西出來號召時，大部分的百姓居然「不敢站出來」為真理表態，與摩西和耶和華神一同站立。

然而，利未支派 的子孫，在這一非常關頭、關鍵的時刻，具備了「守護真理」的勇氣，他們不顧自身和自己家人的安危，他們不害怕、也不畏懼在百姓中，可能會爆發群情激憤的報復和攻擊，他們立刻就毫不遲疑地，執行了這一解決以色列營中破口的任務。出埃及記 32:28：

『利未 的子孫 照摩西的話 行了。
那一天百姓中 倒下的 (וַיִּפֹּל) 約有三千。』

從這個事件可以看出，利未支派的 忠誠 和 勇氣，他們在危難的時機，願意站出來，<承擔/背負>巨大的壓力，為真理而戰，和摩西一同站立，與耶和華神「聯合」，這正符合了 利未 這個名字的涵義，因為 利未(לֵוִי) 希伯來文就是 聯合 的意思。

也因為如此，這次的事件為利未支派的子孫，贏得了以色列 12 支派中 屬靈長子

---

[10] 金牛犢「不是」帶領以色列出埃及的神，當然「也不是」以色列的上帝，以色列的上帝是誰？是 耶和華。所以，這個問題如果反過來問:『耶和華是誰？』那答案就是:『以色列的上帝』。關於「耶和華 以色列的上帝」 (יְהוָה אֱלֹהֵי יִשְׂרָאֵל) 的這個稱號，另見幾處經文: 出 5:1、出 34:23。此外，這個稱號，也「遍布在」整本希伯來聖經當中。

[11] 這裡的弟兄、同伴、鄰舍，當然 不是指 利未人可以「見一個殺一個」，而是當中若有「不願聽從」摩西和耶和華的吩咐和話語的人，「悖逆」並且「執意」鼓吹、慫恿、煽動以色列百姓繼續拜金牛犢的話，那麼這些人，就是利未人要去執法的對象，因為正是這一小群人，使得以色列全營 敗壞，偏離了神所吩咐的道路，正如出埃及記 32:7-8 所記載的。

的位分，他們將來會被耶和華神選召出來，在會幕、在聖所中承擔專門的工作和侍奉。也就是後來在民數記第三章所詳細記載的，利未支派三個大家族:革順、哥轄、米拉利他們各自在會幕裡所司職的工作內容。

作一個小結，每位弟兄姊妹，特別是在教會裡面侍奉、服事的，擔任重要職分的人，牧師、傳道人或帶職事奉者，你們可以來問問自己，是否已經具備 **利未人**，這樣 **與神聯合**，承認真理、為正義、公平而願意挺身而出，敢於表態的勇氣呢？

問題與討論:

1. 出埃及記第九段妥拉標題<數點> (תִּשָּׂא)，這個字在希伯來文原文中還有哪些涵義？ 另外，為什麼這段妥拉會取 (תִּשָּׂא) 這一個動詞，來作為本段妥拉的標題。

2. 為什麼以色列百姓在前面經歷過「西奈山的神聖天啟事件」之後，竟然還會造出一個金牛犢？ 藉由 **金牛犢事件**，讓我們可以更深一層地來思考，到底什麼叫 **偶像崇拜**？

3. 亞倫為什麼會「縱容」以色列百姓造出金牛犢，最後『竟使他們 陷在大罪裏！？』

4. 在「失格的以色列」一文中，我們讀到出埃及記 32:2-3 的經文『亞倫對他們說:「你們去 **摘下(פָּרְקוּ)** 你們妻子、兒女耳上的金環，拿來給我。」百姓就都 **摘下(וַיִּתְפָּרְקוּ)** 他們耳上的金環，拿來給亞倫。』中文和合本聖經所翻譯的「摘下」這個動詞，希伯來文原文是什麼意思？ 而這個原文的意思可以很具象化地解釋，為何後來百姓會「**放肆**」(פָּרַע)。

5. 在<數點/背負>這段妥拉中，有一群人，在金牛犢事件中，起到一個關鍵的作用，可以說，他們也和摩西一樣，<肩負/承擔>了全體以色列民族的存亡，請問這群人是哪一個支派？ 這個支派的<名字>其希伯來文涵義為何？

出埃及記 **No.10 - 11** 妥拉
<招聚、總數>篇 (*פרשת ויקהל ופקודי*)

No.10 妥拉摘要:

出埃及記第十段妥拉,標題叫<**他招聚**>,希伯來文(**וַיַּקְהֵל**)。

在上一段妥拉<數點/背負>篇,以色列百姓也是被<**招聚**>在一起,百姓被亞倫<**招聚**>,來全民奉獻、集資要來蓋金牛犢,亞倫這樣的作為,讓全體以色列百姓犯了大罪,並且幾乎面臨了滅族的命運。

後來經由摩西的代求、贖罪,讓耶和華神存留以色列民的性命,但犯罪的代價是 3000 條的人命,以及百姓的靈命虧損、神聖的等級被降格,以至於摩西的帳篷要搬離以色列的營地之外,而且以色列百姓無法在摩西前站立。所以,上一段妥拉<數點/背負>篇的結局,是哀傷-慘淡的。

不過,來到本段妥拉<**招聚**>篇,透過摩西再一次的,對以色列百姓的<**聚集**>,是要來告訴百姓們一個好消息,並鼓勵他們,再一次提升他們,振奮他們的士氣,恢復百姓靈裡對耶和華神的追求和信靠,這個好消息就是: 耶和華「已經赦免」他們的這個拜偶像的死罪,要再給以色列一次機會,讓他們開始著手,來打造、建設神的居所,就是: 會幕。

正好就是透過會幕的建造,得以「再次凝聚」以色列全體百姓的信心和士氣,而當以色列百姓的每一位,他們的恩賜和才幹,都願意 被神來使用,成為 神手中合用的器皿 時,神就會在這當中,**做奇妙的工作,神會加添更多的智慧和能力,讓參與建造的人 能做各樣的工。**

No.11 妥拉摘要:

出埃及記第十一段妥拉，標題叫<**總數**>，希伯來文(פְקוּדֵי)。

(פְקוּדֵי) 這個字意思很多，它有: **被數點、被計算、被照護、被監管、被分配指派**……等等的意思。<**總數**> (פְקוּדֵי) 這個標題的字根 (פקד) 基本含意就是:**指揮、命令**，所以，指揮官 commander 這個字現代希伯來文就叫做 (מְפַקֵּד)。

摩西在這段妥拉中，其實就像是一個 **指揮官**，他<**統整、計算、監管**>所有全體百姓甘心樂意所奉獻來的各樣禮物和貴重物資。等到會幕的一切器具物件完工後，以色列百姓就把做好的所有成品，拿給摩西作最後的「總檢查」，等檢查無誤後，摩西就給以色列全體百姓祝福，接著，把所有的器具，一一地用聖膏油，膏抹成聖，然後一件件地，把它們<**分配**>、**擺放到定位**，最後『在帳幕和壇的四圍立了院帷，把院子的門簾掛上。這樣，摩西就完了工。』出埃及記 40:33

就這樣，以色列全會眾集資奉獻的<**總數**>，他們手中「集體的工作」、在曠野的第一個代表作: 會幕的建造，完成了，並且被耶和華神所悅納。這就是出埃及記「最後的成果和巔峰」，正如本段妥拉的結尾，同時也是整卷出埃及記最後一節經文所提及的，出埃及記 40:38：

> 『日間，**耶和華的雲彩** 是在帳幕以上；
> 夜間，**雲中有火**，在以色列全家的眼前。
> 在他們所行的路上都是這樣。』

以色列全體百姓，從現在開始，就真正地進入到 **耶和華神隨時的引領、同在、保護** 當中。並且也預備要開始來學習耶和華神所教導他們一切的聖法: 律例、典章、法度、誡命。所以，緊接在出埃及記後接續的書卷，就是這部詳細紀錄耶和華神諸多聖潔、神聖法精隨-骨幹的書卷: 利未記。

出埃及記 No.10-11 妥拉 <招聚、總數> 篇 (פרשת ויקהל ופקודי)

經文段落:《出埃及記》35:1 - 38:20　/　《出埃及記》38:21 - 40:38
先知書伴讀:《列王記上》7:13-26、7:40-50　/　《列王記上》7:51 - 8:21
詩篇伴讀: 61 篇　/ 45 篇
新約伴讀:《馬太福音》12:1-13、《歌林多前書》3:11-18、《希伯來書》9:1-14　/
《哥林多前書》3:16-17

一、　按照神所吩咐

出埃及記第十段妥拉標題<他招聚>。經文段落從出埃及記 35 章 1 節到 38 章 20
節。<他招聚>這個標題，在出 35:1 節前半：

『摩西 招聚 以色列全會眾』
וַיַּקְהֵל מֹשֶׁה אֶת-כָּל-עֲדַת בְּנֵי יִשְׂרָאֵל

<招聚> (וַיַּקְהֵל) 就是希伯來經文出 35:1 節的第一個字，這個字 (וַיַּקְהֵל) 這個動
詞，就是出埃及記第十段妥拉的標題。

接續在後的第十一段標題為<總數>(פְקוּדֵי)，經文段落從出埃及記 38 章 21 節到
40 章 38 節，也就是出埃及記的最後一節。<總數>這個標題，在出 38:21 節前半：

『這些是帳幕，就是法櫃帳幕中照摩西吩咐的 總數。』
אֵלֶּה פְקוּדֵי הַמִּשְׁכָּן מִשְׁכַּן הָעֵדֻת אֲשֶׁר פֻּקַּד עַל-פִּי מֹשֶׁה

<總數> (פְקוּדֵי) 就是希伯來經文出 38:21 節的第二個字，這個字(פְקוּדֵי)，就是出
埃及記第十一段妥拉的標題。

出埃及記這卷書最後總結的 40 章 38 節，這節經文提到：

『日間，**耶和華的雲彩** 是在帳幕以上；
夜間，雲中有火，在以色列全家的眼前。
在他們所行的路上都是這樣。』

正是這樣一節的經文，給出埃及記畫下一個完美的句點，也表明了出埃及的完成。因為以色列百姓在出埃及的第二年，全體合作、共同努力，把 **會幕** 這個中央精神堡壘給建造、豎立起來，讓耶和華神的榮耀和能力，得以與以色列 **同住、同在**。

會幕 (מִשְׁכָּן) 的希伯來文意思其實就是「**駐所 dwelling place, residence**」，其字根為 (שכן)，當動詞時意思就是「**住在 dwell, reside**」。正如出埃及記 25:8 節所說的：

『又當為我造聖所，**使我可以住在** 他們中間。』
וְעָשׂוּ לִי מִקְדָּשׁ **וְשָׁכַנְתִּי** בְּתוֹכָם

我們說，這是自亞當犯罪後，耶和華神首度「**與人同住**」，與一個信仰社群、與一個民族團體「**同在**」。而這正好就是標誌著 出埃及記的總歷程，也就是離開罪惡、為奴之地，**進入到神同在的神聖** 當中，然後，進入應許之地。

回到妥拉的「分段」，猶太先賢通常會把<**招聚**>篇、<**總數**>篇放在一起讀，成為「**雙份妥拉 (double portion)**」。從內容上來說，這兩段妥拉的確有其不可分割的整體性。

因為這兩段妥拉分別講述：會幕的破土、開工，到完工的過程，等到所有會幕的器具和物件都打造完畢以後(以上是<**招聚**>篇的內容)，接著，更重要的事情 就是在<**總數**>篇裡所記述：百姓要把這些做好的成品，拿到摩西面前，給摩西來做「**最後的盤點、檢查**」，然後，摩西要把聖膏油，逐一地，膏抹在這些器具上，並把會幕的這一切物件，都仔細小心地「**分配、擺放、安置**」在各自的位置上，沒有任何的差錯，**都是照著耶和華神所吩咐摩西的**，如此，會幕才能順利地被豎立起來。

所以，這就表示說，百姓在做完這一切會幕的建造工作後，還不能說是真正的完工，後面還需經過摩西的監督和審查。

說到「**認真服事、作主的工**」，我們來看摩西最後的布置，他把一切的物件和器具都分毫不差地 擺放、安在會幕的各自正確的位置和空間上。這邊，從經文上來看，從出埃及記 40:17 節開始，進入到會幕最後的完工階段，摩西就像是一個室內裝潢師一樣，會幕裡該騰出什麼空間，該擺放什麼，摩西都瞭若指掌，也都確實執行，不過，最重要的是，摩西根據的是耶和華神給他的這一份會幕的室內設計圖來澈底執行，所以，經文為了要強調摩西一絲不苟的認真和完全的順服，每當摩西安放、擺設一個器具或物件時，後面都會再加上一句話：

『是照耶和華所吩咐摩西的。』

כַּאֲשֶׁר צִוָּה יְהוָה אֶת-מֹשֶׁה

從 40:18 會幕主體上面三層的頂棚: **帳幕 (הַמִּשְׁכָּן)**、**罩棚 (הָאֹהֶל)** 和 **頂蓋 (מִכְסֵה הָאֹהֶל)** 開始講起，依序提到 40:20-21 說到 **法版** 和 **約櫃** 的安置，22 節為 **陳設餅的桌子**、24 節是 **金燈台**，26 節的 **金壇**、29 節的 **燔祭壇**、到 30 節的 **洗濯盆**。以上這些會幕的各樣器具，當摩西把他們安置在定位後，經文都一定要不厭其煩地重複說到: 摩西所做的一切工作，都『**是照耶和華所吩咐他的**』。

『**是照耶和華所吩咐他的**』這一句話，在出埃及記 40:17-30 節這段經文中，反覆出現頻率之高，似乎是在告訴讀者，越是進入到工作的「**核心**」內容和「**尾聲**」階段，神越是會嚴加監督，不許任何錯誤，另方面，摩西所作的一切工都『**是照耶和華所吩咐他的**』也表明摩西的「**完全順服**」。

當摩西被耶和華神呼召，要帶領以色列百姓出埃及的那一刻起，直到他死在尼波山上，這 40 年和以色列百姓在曠野漂流的時間，摩西幾乎沒有為自己求什麼，摩西沒有為自己做什麼，摩西所作的一切，都『**是照耶和華所吩咐他的**』。

二、 以色列，或百姓

出埃及記第十段妥拉標題為<**他招聚**>，經文來自出埃及記 35:1 節的:

『摩西 **招聚** 以色列全會眾。』

顧名思義，這段妥拉主要的內容，當然就是摩西<**招聚**>以色列全會眾，來一起共同參與一件大事，就是: 籌措資金和建材，來興建會幕，會幕在這段妥拉中，開始破土動工。

不過，在上段妥拉<數點/背負>篇，以色列百姓同樣也是被<招聚>在一起，**百姓被亞倫<招聚>動員，來全民奉獻、集資，要來做一件大事，就是: 造金牛犢，** 這**群百姓(הָעָם)** 集體陷入偶像崇拜的瘋狂之中。

注意到在<數點/背負>篇這段妥拉，也就是在出埃及記 32 章，經文開始描述金牛犢事件時，32 章一整章的篇幅，在稱呼以色列民時，統統是用「(הָעָם) the people **這百姓** 」這個詞在指稱以色列，用這個 **不帶有任何名字、身分** 的詞，是要表明，此時的以色列已經變成 **失去信仰、沒有異象**，正在放肆、胡作非為 的一群 **烏合之眾**，所以這群人「不能」被稱之為 以色列全會眾(**כָּל-עֲדַת בְּנֵי יִשְׂרָאֵל**)。
正如摩西在出埃及記 32:25 所說的：

『摩西見 **這百姓** 放肆。』
וַיַּרְא מֹשֶׁה אֶת- **הָעָם** כִּי פָרֻעַ הוּא

因著以色列百姓在金牛犢這件事情上犯了 **大罪** (**חֲטָאָה גְדֹלָה**)，幾乎招致滅族的命運，然而，事後摩西再度來到西奈山上，在耶和華神面前，替以色列百姓代求、贖罪，才得以讓以色列能繼續享有耶和華神與以色列「同在」的特權，並且以色列仍保有「選民」的資格。

但金牛犢事件的發生、以色列的犯罪，以及其榮耀的虧缺、神聖等級的降低，以上這些還導致兩件事情的發生，這兩件事都象徵了 神的榮耀和同在 (暫時地) 離開，這清楚地表示出：以色列百姓因為「犯罪」，而「無法靠近」神的榮耀。

第一件事情就是：摩西的帳篷搬離以色列的營地之外。這就是出埃及記 33:7-8 所記載的：『摩西將帳棚支搭 **在營外，離營卻遠，**他稱這帳棚為會幕。凡求問耶和華的，就到營外的會幕那裏去。當摩西出營到會幕去的時候，百姓就都起來，各人站在自己帳棚的門口，望著摩西，直等到他進了會幕。』

第二件事情是：**以色列百姓無法在摩西前站立**，因為這時，摩西剛從西奈山下來，手裡拿著第二套耶和華神所寫的兩塊法版，**神的榮耀在摩西的身上**，以致摩西的面皮發光，出埃及記 34:29-30 經文記載：

『摩西手裏拿著兩塊法版下西奈山的時候，
不知道 **自己的面皮** 因 耶和華和他說話 **就發了光。**
亞倫和以色列眾人看見 **摩西的面皮發光** 就怕挨近他。』

最後，上一段妥拉<數點-背負>篇就是以出埃及記 34:35 這節經文作為結束：

『以色列人看見 **摩西的面皮發光。**
摩西就把帕子戴回到臉上，
等到他進去與耶和華說話 就揭去帕子。』

儘管，以色列百姓經歷上述靈性的劇烈跌宕，因著他們的 罪惡，讓他們與神的榮耀產生「隔閡」。而罪的工價乃是死，在金牛犢事件中，以色列百姓也以 3000 千條的人命作為罪的贖價，可以想見，在當時的以色列營中，是士氣低迷，充滿哀悼和悲傷的情緒，然而，耶和華神是：

『是有憐憫、有恩典的上帝，不輕易發怒，
並有豐盛的慈愛和誠實，為千萬人存留慈愛，
赦免罪孽、過犯，和罪惡的神。』出 34:6-7

因此，來到下一段妥拉<招聚>篇，透過摩西再一次對以色列百姓的<聚集>，是要來告訴百姓們一個好消息，並鼓勵他們，再次提升他們，振奮他們的士氣，以及百姓靈裡對耶和華神的火熱，這個好消息就是: 耶和華已經赦免拜偶像的死罪，要再給以色列一次機會，就是: **要讓他們開始著手來打造，建設神的居所:會幕。**

三、 能做各樣的工

<招聚>篇這段妥拉讓我們看到，神要以色列「**全會眾**」，也就是: 所有的人，每一位，都要一同來參與 會幕建造 的工作，這項如此重要的聖工，神的心意乃是人人有份。

所以，這裡我們看得很清楚，神所呼召的，絕對不是少數的個人，神要的不是英雄，不是菁英分子，不是資優生，神要的是一群人，一群團結、有 **共同使命、同樣目標-異象**、是有熱情、為主大發熱心的一群人，是一個團隊。

因此，來到<招聚>篇這段妥拉，也就是當經文的敘述和發展，來到出埃及記 35 章，在稱呼以色列百姓時，就不像前段妥拉那樣，只是用 **百姓** 一詞來指涉，正如前文已述，在上段妥拉:出埃及記第 32 章，金牛犢這一章當中，當講述到以色列民時，通通都是用這一個好似「被抹除」身分的 **百姓 (הָעָם)** 這一詞來指涉。

但是進入到<招聚>篇，出埃及記 35:1 節這樣說:『摩西招聚 以色列 全會眾』，**以色列** 這個「名字和身分」就又再次出現，如果和金牛犢的 32 章來做個對比，經文進入到這個在描述 **全民 蓋會幕** 的第 35 章，這裡都是用『**以色列全會眾**』這一個抬頭和稱謂，來指稱以色列百姓，看看下列經文:

35:1『摩西招聚 以色列全會眾 (כָּל-עֲדַת בְּנֵי-יִשְׂרָאֵל)』

35:4『摩西對 以色列全會眾 (כָּל-עֲדַת בְּנֵי-יִשְׂרָאֵל) 說：』

35:20『以色列全會眾 (כָּל-עֲדַת בְּנֵי-יִשְׂרָאֵל) 從摩西面前退去。』

以色列全會眾 的希伯來文是 (כָּל-עֲדַת בְּנֵי-יִשְׂרָאֵל)

英文直譯為 **all the congregation of the children of Israel.**

或是 **the entire assembly of the children of Israel.**

中文和合本聖經用「**會眾**」一詞來翻譯 (עֵדָה) 這個希伯來字，(עֵדָה) 翻成英文就是 **congregation, assembly, community**，其實上述的翻譯,無論是中文和英文,都沒有能夠把(עֵדָה)這個希伯來字翻譯得很到位。

(עֵדָה) 這個字是從字根 (עוד,יעד) 派生出來的,它的基本涵義有:**約定的時間**、**聚集** (因著共同的目的和原因)、**見證**、**目的地**、**使命**、**定位**。底下我們來舉幾個有(עוד,יעד) 這個字根的單字：

1. יַעַד (目標、目的地)

2. יָעַד (指定、命定)

3. עֵד (見證人、證人)

4. עֵדוּת (證物、法版) 出 25:16

5. עֵדָה (會眾、特定的社群)

6. מוֹעֵד (節期)

7. אֹהֶל מוֹעֵד (會幕)

以上,從這幾個都共享著 (עוד,יעד) 這個字根的單字中,我們可以看得很清楚的是,這個 **會眾 (עֵדָה)** 指的並不是普通的民眾,不是漫無目的、閑散雜亂、不知去向的群眾,正好相反,這群「**以色列全會眾**」乃是擁有同一目標的團體,他們是為著 **共同的使命、呼召**,以及 **同樣的異象**,而匯聚在一起的,因為他們有一個 **一致的目的地和方向**,就是,都要前往應許之地。

此外,更重要的是,這群人(以色列全會眾),每年都會在「**特定的時間**」(也就是**耶和華的節期**) [1],在「**特定的地點**」 (就是會幕和後來在耶路撒冷的聖殿),聚集在一起,一同來「**見證**」著集體的民族神聖經驗,就是: **耶和華神在以色列這個民族團體 所作的偉大奇事**。[2] 正如出埃及記 34:10 所記：

---

[1] 關於「耶和華的節期」,另參《奧秘之鑰-解鎖妥拉:利未記》No.8 妥拉<訴說>篇 整篇內容。

[2] 同參《奧秘之鑰-解鎖妥拉: 申命記》No.2 妥拉<我懇求>篇之第四段「獨行奇事的神」。

『耶和華說：「我要立約，
要在百姓面前 行奇妙的事，
是在遍地萬國中所未曾行的。
在你四圍的外邦人就要看見 耶和華的作為，
因我向你所行的 是可畏懼的事。』

透過 (עֵדָה) 這個希伯來字的釋義，讓我們清楚知道，神不只是找來一群人而已，這群人還必須要有 同樣的呼召、異象、負擔和使命，要有 一致的方向，否則，神的工作也無法開展。

審視教會現象，雖然看似聚會人數很多，但是，這群人是否有共同的看見、同樣的呼召，都願意委身在教會，一同參與在教會以及肢體的彼此建造，還是，他們只是一群喜歡結黨紛爭，說八卦，只有在星期日才會出現的 百姓？

回到會幕的建造，我們可以說，會幕的建造對以色列百姓來說，是一種提升，因為他們以前在埃及時，當奴隸，只會做勞工最底層、最簡單的粗活，是不太需要高級的技術，最多就是可以照著牲畜的樣子，打造出一尊「相似」的雕像(例如金牛犢)，但這樣的工作叫做: 模仿。

神不要以色列百姓模仿，神不要以色列百姓繼續過著埃及人那種偶像崇拜的生活，神要他們 突破，要他們 去創造，要他們 去經歷新事物，因為神是 做新事的神。所以<招聚>篇這段妥拉，講述的正好就是以色列民在曠野，在這麼艱難的環境和條件下，所準備展開的一項 發明 和 創造，因為沒有任何一位以色列百姓看過會幕長什麼樣子，所以，對他們來說，建造會幕，其實是一件 前所未見、完全嶄新 的一個經驗。

也許百姓當中有人會問，建造會幕如何可能，我們以前從沒做過啊，完全沒有任何經驗，這要怎麼進行呢？ 在我們的信仰歷程中，或許也問過這樣的問題，就是說: 神啊，你怎麼讓我領受這個異象，怎麼叫我去做這個 (又大又難) 的事工，這不是我擅長的啊，這我做不來。

很多時候，問題的癥結不是我們的能力不夠，因為人是有很多潛力可以被發揮出來的，重點是，我們的信心不足，對神沒有信心。

在<招聚>篇這段妥拉裡，多次提到，這群參與建造會幕的以色列人，他們都是心裡受感 (נָשָׂא לִבּוֹ)，並且 心中有智慧 (חֲכַם-לֵב) 的人。受感 (נָשָׂא) 這個動詞，原意指的是「提升、提高 (uplift)」，所以 心裡受感 意思是說，你願意「提升」自己的靈，讓神來「擴張」你的境界。

而 **心中有智慧**，則表明，除了人的聰明才智，和你已經具備的技術、能力，以及人自我的理性和邏輯之外，你還要 **有信心，要相信神，不要讓你的理性去限制神的作為**，因為我們的神，是喜歡創造的神，祂能使不可能，成為可能。

最後，當百姓中每一位的恩賜和才幹，都願意被神來使用，成為神手中合用的器皿的時候，神就會在這當中，做奇妙的工作，**神會加添更多的能力**，讓參與建造的人 **能做各樣的工**，就是出埃及記 36:1 所說：

> 『比撒列和亞何利亞伯，
> 並一切心裏有智慧的，就是 **蒙耶和華 賜智慧聰明、**
> 叫他知道 做聖所 各樣使用之工 的，
> 都要照耶和華所吩咐的做工。』

四、 安息日為先

馬可福音 2:27-28，耶穌說：

> 『**安息日 是 為人設立的**，人不是為安息日設立的。
> 所以，人子是安息日的主。』

在<招聚>篇這段妥拉，摩西<招聚>以色列百姓，要來一起建造會幕，但是一開始提及的事項，卻不是關於會幕，而是 **安息日**。出埃及記 35:1-2：

> 『摩西<招聚>以色列全會眾，對他們說：
> 「這是耶和華所吩咐的話，叫你們照著行：
> 六日要做工，第七日乃為聖日，**當向耶和華 守為 安息聖日。**』

這表示說，就算「蓋會幕」這件事為當務之急，是以色列百姓此時引領期盼，滿心期待所要做的「聖工」，但是，當遇到 **安息日** 時，仍然要放下建造的工作，進入到 **安息、休息** 的狀態中。所以，**守安息日**，進入到 **與神同在的休息**，乃是建造會幕，參與聖工的一個大前提。

因為，**安息日** 代表耶和華神在六日的創世之工完成後，第七日的 **歇息**，是神的 **安息** 和 **舒暢**。我們可以想像一個 (擬人化的) 畫面，神在第七日，坐在躺椅上，怡然自得的，安靜地欣賞祂所精心創造和設計的宇宙萬物。

所以，**守安息日**，乃是 **紀念耶和華神的創造，承認祂，是大地世界的主宰，一切都是藉由耶和華神所創造的**。因此，安息日，乃是對於耶和華神，祂的真實存在，以及偉大創造的 **見證**，所以，就這點來說，安息日當然比會幕的建造還重要，因為，對於神的權柄認可，這乃是服事神的一個先決條件。這是第一個重點。

第二點、**安息日** 的優先性在於，它是耶和華神和以色列百姓 **立約** 的 **一個記號和憑證**。[3] 如果說，以色列在西奈山領受十誡，也就是這兩塊法版是耶和華神給以色列的 **一份婚約**，那麼，**安息日** 就是耶和華神給他們的 **一只婚戒**，是要以色列人世世代代都戴著這顆結婚鑽戒，用來向其他人表明，我們是一群跟耶和華有「**永恆盟約**」的人，我們是專屬於耶和華神的。出埃及記 31:12-13：

『耶和華曉諭摩西說：「你要吩咐以色列人說：
『你們務要守 我的安息日；
因為這是你我之間世世代代的「**證據/記號、標記 sign (אוֹת)**」，
使你們知道 我－耶和華 是叫你們成為聖的。』

另一處經文在出埃及記 31:16-17：

『故此，以色列人要世世代代 守安息日 為 永遠的約 (בְּרִית עוֹלָם)。
這是我和以色列人 永遠的證據 (אוֹת הִוא לְעֹלָם)；
因為六日之內耶和華造天地，第七日便安息舒暢。』』

第三點、**安息日** 是一個 **賜福** 的日子，創世記 2:3：

『上帝 **賜福 (וַיְבָרֶךְ)** 給第七日，定為聖日；
因為在這日，上帝歇了他一切創造的工，就安息了。』

以色列百姓後來出埃及、過紅海，來到曠野時，第一個學習的誡命就是 **安息日**，他們過去在埃及是一群永無休止、不斷勞動的奴隸，在過往的經驗中，他們認為，生活必須要流汗流血的困苦工作，才能勉強餬口，得一口飯吃。但現在，耶和華神要讓他們在曠野經歷到 **安息日** 的 **賜福**。

---

[3] 耶和華神和以色列「**立約的證據、記號**」，除了 安息日 之外，還有另一個「肉體上的記號」，就是 **割禮**，同參《奧秘之鑰-解鎖妥拉: 創世記》No.3 妥拉<離去>篇之第五段「作為記號的割禮」、《奧秘之鑰-解鎖妥拉: 利未記》No.4 妥拉<懷孕>篇之第五段「割禮的盟約」。

以色列百姓正好就是在曠野這樣困難的環境中，首次體驗和經歷到 安息日 的神蹟，因為在第六天，神會供應「雙倍」的糧食(嗎哪)，讓百姓在第七天可以不用出門去勞動，去找東西吃，這樣就可以讓他們在第七日(安息日)的時候，好好在家裡，和家人一起休息，也一同向耶和華守安息日，「見證」安息日 真實的恩膏和祝福。詩篇 46:10-11：

> 『你們 要休息，要知道我是神！
> 我必在外邦中被尊崇，在遍地上也被尊崇。
> 萬軍之耶和華 與我們同在，雅各的神 是我們的避難所。』

耶穌說：『我來是要讓人 得生命，並且得的 更豐盛。』[4] 耶穌是安息日的主，因此 安息日 背後真正的精神，乃是要我們 領受祝福，讓勞碌的生命 得修補、得醫治、得恢復 的時刻和狀態，這就是神對我們真正的心意。

神不要我們為了服事而服事，為了做工而做工，今天，如果因為我們在教會的侍奉，一天到晚都跑教會，小組、開會、同工訓練、禱告會……等等，卻忽略自己的靈命、自己的家庭、搞到最後，讓你疲憊不堪，使你靈命受虧損、受傷，家庭關係出問題，人際關係撕裂，那麼，這樣的服事，並不是神要的，你必須停止。

你必須要趕快回到神給你的安息日當中，讓你進入到 與神親近的同在 中，使你的靈命被充電。因為 安息日，乃是要讓我們的生命 得修復、得建造，是要讓我們 重新得力 的。

所以，當我們每一位，無論是在週間或主日，馬不停蹄地在參與教會各樣的聖工和服事時，你要常常問問你自己，我有沒有錯失了那個，每週應該要 與主親密、自己安靜 的 安息日，我有沒有把這樣的時間保留下來，分別出來？

<招聚>篇這段妥拉，摩西之所以把 安息日，擺在首位，甚至是放在建造會幕的這項聖工「之前」，用意就是要向以色列表明：只有當你們每一位，都可以真正地進入到 安息日，那 與神親密同在、靈命健康 的狀態，並且 心裡都尊主為大、順服神的權柄和旨意 時，你們也才能 彼此同心合一，照著神的吩咐和命令，來作主的工作，完成祂所託付的聖工。這點是非常重要的。

---

[4] 約翰福音 10:10。

156

五、 「被神悅納」的事工

出埃及記最後一段妥拉，標題叫<總數>，希伯來文(**פְקוּדֵי**)。<總數>這個標題，在出 38:21 節前半：

> 『這些是帳幕，就是法櫃帳幕中照摩西吩咐的 **總數**。』
>
> אֵלֶּה **פְקוּדֵי** הַמִּשְׁכָּן מִשְׁכַּן הָעֵדֻת אֲשֶׁר פֻּקַּד עַל-פִּי מֹשֶׁה

(**פְקוּדֵי**) 這個字意思很多，它有：**被數點、被計算、被照護、被監管、被分配指派**……等等的意思。<總數> (**פְקוּדֵי**) 這個標題的字根 (**פקד**) 基本含意就是:**指揮、命令**，所以，指揮官 commander 這個字現代希伯來文就叫做 (**מפקד**)。

摩西在這段妥拉中，其實就像是一個 **指揮官**，他<**統整、計算、監管**>所有全體百姓甘心樂意所奉獻來的各樣禮物和貴重物資。等到會幕的一切器具物件完工後，以色列百姓就把做好的所有成品，拿給摩西作最後的「總檢查」，等檢查無誤後，摩西就給以色列全體百姓祝福，接著，把所有的器具，一一地用聖膏油，膏抹成聖，然後一件件地，把它們<**分配**>、**擺放到定位**，最後『在帳幕和壇的四圍立了院帷，把院子的門簾掛上。這樣，摩西就完了工。』出埃及記 40:33

值得注意的是，在這段妥拉的起始處，立刻就提及一份清楚的 **(財產) 帳目清冊**，也就是在 **出埃及記 38:24-31** [5] 這段經文段落中，分別提到了，從以色列百姓中所收納進來的金、銀、銅的 <**總數**> 它各自清楚的數量。

這裡，我們可以想到上一段妥拉<**招聚**>篇，在出埃及記 36:2-6 的經文：

> 『凡耶和華賜他心裏有智慧、而且受感前來做這工的，
> 　　摩西把他們和比撒列並亞何利亞伯一同召來。
> **這些人** 就從摩西 **收了以色列人** 為做聖所並聖所使用之工 **所拿來的禮物**。
> 　　百姓 **每早晨** 還把甘心獻的禮物 拿來。
> 凡做聖所一切工的智慧人各都離開他所做的工，來對摩西說：
> 　　「百姓為耶和華吩咐使用之工所拿來的，**富富有餘**。」
> 　　摩西傳命，他們就在全營中宣告說：
> 　　「無論男女，**不必** 再為聖所 **拿甚麼禮物來**。」
> 　　這樣才攔住百姓不再拿禮物來。』

---

[5] 出埃及記 38:24-31 這段經文，在希伯來聖經「經文分段」中，是一個「完整段落」的敘事。

在上面這段經文中，清楚看到，摩西是「完全信任」這些建造會幕的工匠們，摩西允許以色列百姓，直接把禮物，把這些要奉獻的金銀財寶送到工匠們那裏去，當工匠們後來發現百姓的奉獻太多，不能再收的時候，他們就跑去告訴摩西，叫摩西發令：『無論男女，不必 再為聖所 拿甚麼禮物來。』

從這裡可以看出，摩西和這些「心裏有智慧、而且受感」的工匠們，他們都是 誠實無妄，為神所做的工乃是 手潔心清 的，他們都是按著 公平正義 來做神的工作，他們在面對百姓所奉獻來超量的金銀財寶時，心中 毫無貪戀。

當然，摩西和工匠們，也可以選擇繼續讓百姓們不斷地奉獻禮物過來，他們可以「不需要告訴」百姓們說：『我們已經收到足夠的禮物和建材了，你們不要再拿禮物過來。』

如果摩西沒有發令，在全營中宣告說：『無論男女，不必 再為聖所 拿甚麼禮物來。』那麼，基於「人的貪念」，一般人很有可能會把這些「多奉獻來的財物」偷偷地塞進自己的口袋中，中飽私囊。

正因如此，在<總數>篇這段妥拉，經文一開始就講到了這個「財務清冊」，羅列得清清楚楚，鉅細靡遺，收了多少的金，收了多少的銀，以及收了多少的銅。

<總數>篇的結尾，也就是 出埃及記 這一卷書最後的「結局和完成」正是提到了 會幕的豎立及完工。當以色列全體百姓甘心樂意的<奉獻>、同心合一的工作、獻來的金銀財寶的<總數>都被拿來用做聖工，當上述的一切事工都是「被神悅納」的時候，那麼，神就用祂的榮耀來「覆庇-遮蓋」、「保守-護衛」以色列百姓。出埃及記 40:34-35：

> 『當時，雲彩 遮蓋會幕，耶和華的榮光 就充滿了帳幕。
> 摩西不能進會幕；
> 因為 雲彩 停在其上，並且 耶和華的榮光 充滿了帳幕。』

神榮耀的雲彩 出現在會幕的正上方，這乃是清楚地向以色列百姓顯明：因著你們全體委身的工作，集體<奉獻>出金銀財寶的<總數>而所被建造出來的 會幕，是 被耶和華神所喜悅的。所以，<總數>這個標題也就意味著，此時，以色列全體百姓的<總數>，他們每一個人以及他們「集體的工作成果」都是神所喜悅的，因為，現在 耶和華神的同在和保護「臨到」每一位以色列百姓的身上。

回到出埃及記這卷書的希伯來文書卷名「(שׁמוֹת) 名字」，出埃及記第一段妥拉的標題叫<名字>篇，因為在出埃及記 1:1-2 這段經文中提到 以色列 眾子的<名

字>。來到出埃及記的最後一段妥拉<總數>篇，提到 會幕 的完工，當 會幕 被立起來的時候，耶和華神的<名>就好像祂的印章「被刻印-蓋印在」以色列百姓的營地中間，這就更加地「堅固」以色列 這個<名字>和身分，所以出埃及記這卷書，它其實有這樣一個「首尾呼應」的文本結構。[6]

最後，出埃及記就以 40:38 這節經文，來為整卷書畫下一個完美的句點：

『日間，**耶和華的雲彩** 是在帳幕以上；夜間，雲中 **有火**，
(這都是) 在以色列全家的眼前。
(都是) 在他們所行的路上。』[7]

כִּי **עֲנַן יְהוָה** עַל-הַמִּשְׁכָּן יוֹמָם וְ**אֵשׁ** תִּהְיֶה לַיְלָה בּוֹ
לְעֵינֵי כָל-בֵּית-יִשְׂרָאֵל
בְּכָל-מַסְעֵיהֶם

---

[6] 同參出埃及記 No.1 妥拉<名字>篇之第一段「神記念以色列的名」。

[7] 對照出埃及記 13:21-22『日間，耶和華在雲柱中領他們的路；夜間，在火柱中光照他們，使他們日夜都可以行走。**日間雲柱，夜間火柱**，總不離開百姓的面前。』所以，現在這個雲柱、火柱「移駕到」 會幕 的正上方，繼續帶領著以色列百姓前進應許地的道路和方向。

問題與討論:

1. 在出埃及記 **40:17-30** 節這段經文中,有一句話不斷反覆地出現,請問這句話是什麼? 再者,為什麼在這段經文中,這句話會這麼頻繁地出現,這是要向讀者傳達什麼樣的重點信息?

2. 為什麼在出埃及記 32 章,經文開始描述 **金牛犢事件** 時,32 章一整章的篇幅,在稱呼以色列民時,統統是用「**(הָעָם) the people 這百姓**」這個詞在指稱以色列?

3. 中文和合本聖經用「**會眾**」一詞來翻譯 **(עֵדָה)** 這個希伯來字,但若從字根 **(עוּד,יָעַד)** 所派生出「其他意義相關的單字」放在一起來思考的話,「**會眾(עֵדָה)**」一詞的涵義就不單指的是一群人而已,而是什麼?

4. 耶和華神要以色列百姓 **去建造會幕**,目的是要百姓們去經歷什麼?學習什麼?

5. 在<**招聚**>篇這段妥拉,摩西<**招聚**>以色列百姓,要來一起建造會幕,但是一開始提及的是事項,卻不是關於會幕,而是 **安息日**。為什麼安息日會有這樣的「**優先順位**」,**安息** 竟然放在 **聖工** 之前? 另外,(守)安息日「背後的精神」是什麼,**安息日** 為何如此重要?

6. 你覺得怎麼樣的事工,才算作是「**被神悅納**」的事工?

奧秘之鑰 解鎖妥拉系列(二) 出埃及記

作者：鹽光

發 行 人：鍾塩光

出 版 者：妥拉坊

地 址：台北市大安區忠孝東路三段 303 號 4 樓之 5

電 話：0916-556419

電子郵件：torahsc@gmail.com

網 址：www.torahsc.com

出 版 年 月 ：2023 年 1 月初版

定 價：新台幣 888 元

ISBN：978-626-96635-7-6 （平裝)

展售處（銷售服務）：妥拉坊

地 址：台北市大安區忠孝東路三段 303 號 4 樓之 5

電 話：0916-556419

網 址：www.torahsc.com

電子郵件：torahsc@gmail.com

電子書設計製作：伯特利實業有限公司

設計製作：林子平

地 址：台北市文山區指南路二段 45 巷 10 弄 11 號 B1

電 話：29372711